Projekt und Netzplan in der Verwaltung

Projekt und Netzplan in der Verwaltung

Von Georg Reinhold Gerhard
und Ernst Unsin

unter Mitarbeit von
Günther Biwer und Helmut Maria Glogger

Carl Heymanns Verlag KG · Köln · Berlin · Bonn · München

1972 ISBN 3 452 17496 4
Gedruckt von der Buchdruckerei Poeschel & Schulz-Schomburgk, Eschwege
Printed in Germany

Geleitwort

Die modernen Methoden der Entscheidungsfindung sind zwar in aller Munde, aber der Praktiker in Verwaltung und Wirtschaft, der von Partnern und Kontrahenten zunehmend auf sie angesprochen wird, hat es schwer, sich über sie zu informieren, wenn er nicht zu den wenigen Glücklichen gehört, die den Gegenstand im Rahmen von Fortbildungskursen oder ähnlichen Veranstaltungen kennen lernen. Dem jungen Studenten der Rechts- und Sozialwissenschaften geht es nicht anders.

Es kann daher nicht genug begrüßt werden, daß in jüngster Zeit mehr und mehr Bücher auf dem Markt erscheinen, die diesem Problem in gemeinverständlicher Sprache und Darstellung abzuhelfen suchen – und wiederum mag es kein Zufall sein, daß dies vor allem für die Netzplantechnik gilt, die, wenn nicht alles trügt, eine von jenen Entscheidungsmethoden ist, die auch nach der Sonderung von Spreu und Weizen übrig bleiben werden.

Als gegenwärtiger Rektor der Hochschule für Verwaltungswissenschaften Speyer freue ich mich außerordentlich, das vorliegende Buch mit aus der Taufe heben zu können, das, von meinem Kollegen Professor Dr. Carl Hermann Ule angeregt und zwei erfahrenen, der Hochschule in unterschiedlicher Weise verbundenen Autoren verfaßt, sicher seinen Weg machen wird. Möge es vielen Interessierten eine Hilfe geben und zum Besten aller Beteiligten wirken!

Roman Herzog

Vorwort

Mit diesem Buch versuchen wir auf einfache und verständliche Weise, Methoden zur Planung, Steuerung und Überwachung von Projekten darzustellen, die unter dem Namen »Netzplantechnik« zusammengefaßt werden.

Unser Ziel ist es, Verwaltungsfachleute im weitesten Sinne, Beamte aller Verwaltungen, Bahn- und Postbeamte, Bundeswehrbeamte und Soldaten, Juristen, Wirtschafts- und Sozialwissenschaftler anzusprechen.

Dabei wurde auch bewußt auf spezielle organisationssoziologische und mathematisch-technische Probleme verzichtet. Diese konnten jedoch nur soweit unberücksichtigt bleiben, wie sie nicht zur vollständigen Darstellung des Stoffgebietes als erforderlich angesehen werden müssen.

Dem Buch ist eine Aufstellung von Definitionen beigefügt, damit derjenige Leser, der sich mit Netzplantechnik näher befassen will und keine speziellen oder sozialwissenschaftlichen Vorkenntnisse hat, sich schnell über Fachausdrücke informieren kann. Er wäre sonst gezwungen, in den vielen Spezialwörterbüchern nachzuschlagen, die einerseits häufig nicht übereinstimmen und andererseits zum Teil sehr schwer verständlich sind.

In der Anlage befindet sich die DIN-Norm*. Selbst dann, wenn andere Ausdrücke nach unserer Meinung treffender wären, haben wir uns an die dort verwandten Begriffe gehalten. Damit wollen wir einer Vergrößerung der ohnehin schon erheblichen Sprachverwirrungen vorbeugen.

Drei Gründe sind hauptsächlich dafür maßgebend, daß wir dieses Buch in Angriff genommen haben:

1. Die Verwaltung ist mehr denn je als Leistungsverwaltung eines auf Daseinsvorsorge ausgerichteten Staatswesens gekennzeichnet und somit dem steten Druck der sich schnell vermehrenden und verdichtenden Sozialbeziehungen ausgesetzt. Dies führt zu immer komplexeren Systemen, mit denen auch die Verwaltung konfrontiert wird. Die hier behandelten Ordnungsstrukturen sind eine der Grundlagen zu Instrumentarien, deren sich das System »Verwaltung« bedienen kann, um seine Umwelten, seine Organisationen, seine spezifischen Aufgabenbereiche übersichtlicher und transparenter gestalten zu können.
   Daß neuartige (meist unbekannte) Schwierigkeiten die Planung erschweren können, immer neue Anwendungsgebiete für Planung, Steuerung und

* DIN 69900 Seite 143

Überwachung aber auch erschlossen werden, hat verschiedene Gründe, auf die jedoch nicht näher eingegangen werden soll.

Grundsätzlich ist es nicht nur ein Problem des bloßen »Bewältigens« solcher Strukturen, sondern – und darauf kann nicht deutlich genug hingewiesen werden – des »Überlebens« des eigenen Systems, d. h. der Verwaltung selbst. Dazu ist aber erforderlich, daß immer mehr Menschen, die in der Verwaltung tätig sind, in die Lage versetzt werden, diese Instrumentarien handhaben zu können.

Das Buch soll daher ein Beitrag dazu sein, daß die Verwaltung künftig besser in der Lage ist, ihre Aufgaben erfolgreich zu bewältigen.

2. Verfehlt wäre aber die Auffassung: man nehme das Buch, schlage nach, und schon sind die Probleme der Verwaltung gelöst. Es geht um mehr als um den oben geschilderten Prozeß alleine: Bewältigung der gestellten Aufgaben durch die Verwaltung heißt die Forderung der Zukunft.

   Im Vordergrund steht der Mensch. Wir sind uns bewußt, daß die Unternehmensforschung mit Systemanalyse gefahrvoll wird, wenn sie von der Voraussetzung ausgeht, der Mensch müsse in ein System gepreßt werden, anstatt die Forderung nach Verfahren zu erheben, die dem Menschen die Bewältigung der Umwelt erleichtern. Verwaltung hat, das ist bereits gesagt, dem Menschen zu dienen. Daraus ergibt sich zweierlei: diejenigen, denen gedient werden soll, dürfen durch die Verwaltung keinen Schaden erleiden. Aber auch der in der Verwaltung Tätige darf nicht Opfer ihn umklammernder Probleme werden.

   So wichtig organisationsanalytische Erkenntnisse und mathematisch-technische Grundlagen nun auch sind, solange ihre praktische Verwertung demjenigen verschlossen bleibt, der die Anwendung der Erkenntnisse dringendst braucht, solange bleibt er in Not. Er ist es aber, dem die Erkenntnisse dienen sollen. Das jedenfalls ist der Anspruch der Wissenschaftler, die sich um derartige Erkenntnisse bemühen.

   Daraus ergibt sich: die bloße Theorie muß sich zur Anwendung bequemen und ihre Darstellung muß sich verständlich gestalten. Nur so ist es zu verstehen, wenn wir sagen: wir wollen dem in der Verwaltung Tätigen, gleichgültig an welchem Platz er seine Arbeitskraft zur Verfügung stellt, eine Hilfe an die Hand geben, die es ihm ermöglicht, die Schwierigkeiten seiner ihm gestellten Aufgaben zu meistern.

3. Wenn die beiden erstgenannten Ziele, also Funktionieren der Verwaltung deshalb, weil die in der Verwaltung tätigen Menschen mittels besserer Methoden in der Lage sind, die Fülle der Probleme zu bewältigen, erreicht sind, dann sollte – so könnte man schließen – das dem zugute kommen, der auf die Verwaltung angewiesen ist. Wir können an dieser Stelle nur davor warnen, dies so ohne weiteres anzunehmen. Denn auch in dieser Hinsicht

ist darauf zu achten, daß die Menschen nicht um des Systems Verwaltung willen handeln müssen, sondern auch da sollen Methoden nur ein Hilfsmittel der Menschen bleiben. Wenn alle Beteiligten sich dieses Umstandes bewußt sind, können möglicherweise Weichen frühzeitig gestellt werden und schwerwiegende Fehler vermieden werden.

Dieses Buch soll gerade wegen des Versuches der Verständlichkeit einen Beitrag dazu leisten, von dem die Verfasser wünschen, daß er nicht allzu gering sein möge.

Am Ende sei bemerkt, daß wir aus den verschiedenen Gebieten der Verwaltungsarbeit spezielle Aufgaben als Beispiele ausgesucht haben, in denen mit Erfolg die Netzplantechnik verwandt wurde. Der Leser kann sich dadurch vielleicht anregen lassen, in seinem eigenen Arbeitsbereich Verbesserungen mit Hilfe der Netzplantechnik zu erarbeiten, zumal er mittels kleiner Aufgaben seinen Lernerfolg überprüfen kann.

Gliederung

Anhang

Abkürzungen

A	Arbeitsumfang
Abt	Abteilung
ACM	Association for Computer Machinery Washington D.C. USA
ADV	Automatische Datenverarbeitung
ADVA	Automatische Datenverarbeitungs-Anlage
AF	Anfangsfolge (Anordnungsbeziehung)
BKN	Baukasten-Netzplan-Methode
BKS	Baukosten-Summe
BMVg	Bundesminister(ium) der Verteidigung
BPM	Bundes-Post-Ministerium
BWB	Bundesamt für Wehrtechnik und Beschaffung (untersteht dem Bundesministerium der Verteidigung)
CDC	Control-Data-Corporation (ADVA-Hersteller)
CPM	Critical Path Method
CPS	Critical Path Scheduling
CPSS	Critical Path Planning and Scheduling
D	Dauer (im Netzplan)
DIN	Ehemals: Deutsche Industrie-Norm, jetzt gedeutet als »Das ist Norm«
DNA	Deutscher Normenausschuß
DV	Datenverarbeitung
DVA	Daten-Verarbeitungsanlage
EDV	Elektronische Datenverarbeitung
EDVA	Elektronische Datenverarbeitungs-Anlage
EF	Endfolge (Anordnungsbeziehung)
EKN	Ereignis-Konten-Netz (Netzplanart)
Fa	Firma
FA	Frühester Anfang
FAT	Frühester Anfangs-Termin
FAZ	Frühester Anfangs-Zeitpunkt
FE	Frühestes Ende
FET	Frühester End-Termin
FEZ	Frühester End-Zeitpunkt
FP	Freie Pufferzeit
FRP	Freie Rückwärts-Pufferzeit
FüL	Führungsstab der Luftwaffe

GAF-TO	German Air Force – Technical Order
GP	Gesamtpufferzeit
H	Honeywell, Computerhersteller
HD	Häufigste Dauer
HMN	Hamburger Netzplan-Methode (Haeger)
IBM	englisch: Internationale Business Machines deutsch: Internationale Büro-Maschinen
IRE	Institute for Research of Electronics
KB	Kilo-Byte
KMIND	Kosten eines Vorgangs bei minimaler Dauer
KND	Kosten eines Vorgangs bei normaler Dauer
KText	Kurztext (Netzplanformulare)
MatALw	Materialamt der Luftwaffe
MA	Maximal-Abstand
MAXD	Maximale Dauer
MAXZ	Maximaler Zeitabstand
MBL	Musterprüfstelle der Bundeswehr für Luftwaffengeräte
MD	Mittlere Dauer
MI	Minimal-Abstand
MIND	Minimale Dauer
MINZ	Minimaler Zeitabstand
MPM	Metra-Potential-Methode
NCR	The National Cash Register Company (Computerhersteller)
NPT	Netzplantechnik
OD	Optimistische Dauer
OPD	Oberpostdirektion
PD	Pessimistische Dauer
PDM	Precedence-Diagramming-Method
PERT	Program-Evaluation and Review Technique
PPS	Projekt-Planungs- und Steuerungs-System (Dornier)
PRECE- DENCE	(P-Dringlichkeit) Name einer Netzplanart
PschA	Postscheckamt
PTZ	Posttechnisches Zentralamt Darmstadt der Bundespost
R	Rang
Ref	Referat, Referent
SA	Spätester Anfang
SAT	Spätester Anfangs-Termin

SAZ	Spätester Anfangs-Zeitpunkt
SE	Spätestes Ende
SET	Spätester End-Termin
SEZ	Spätester End-Zeitpunkt
SF	Sprungfolge (Anordnungsbeziehung)
SINETIK	Siemens-Netzplan-Technik
ST	Spätester Termin
SZ	Spätester Zeitpunkt
TELEPERT	Telefunken-Pert
TR	Telefunken-Rechner
Univac	Sperry Rand Corporation Hersteller von ADVA
UP	Unabhängige Pufferzeit
US	United States
USA	United States of America
VDI	Verein Deutscher Ingenieure
VKN	Vorgangs-Knoten-Netz (Netzplanart)
VPN	Vorgangs-Pfeil-Netz (Netzplanart)
WS	Waffensystem
Z	Zeitabstand

Literatur

Acker, H. B. — Organisationsanalyse, Baden-Baden und Bad Homburg v.d.H. 1966

Allan, T.; Breu, H. — Handbuch der Netzplantechnik, Winterthur (Sulzer AG) 1965

Awni, Al-Ani — Praxis der Projektplanung mit der Netzplantechnik, Köln 1971

Barth, H. — Die Quantifizierung sozialer Daten und ihre Verarbeitung mittels Computer, in: ADL-Nachrichten 14, 1969, Nr. 55

Behnke, H. — Netzplantechnik, Planungshilfe für die Stabsarbeit, in: Truppenpraxis 1970, S. 363 ff.

Berbig, R. — Möglichkeiten der optimalen Ablaufplanung von Investitionsvorhaben, Bauplanung – Bautechnik 19, 1965, Nr. 7, S. 319 ff.

Berge, C. — Theorie des graphes et ses applications, Paris: Dunod 1958

Bock, F.; Kanter, H.; Haynes, J. — An algorithm (the r-th best path algorithm) for finding and ranking path through a network, Armour Research Foundation, Technology Center Chicago 1957

Böhret, C. — Entscheidungshilfen für die Regierung, Opladen 1970

Brandenberger, J.; Konrad, R. — Netzplantechnik – Eine Einführung, Zürich 1970

Breu, M. — Netzplantechnik im Terminwesen, in: Industrielle Organisation, 1964, Heft 10

Bubeck, P. — Netzplantechnik unter Berücksichtigung von Kapazitätsgrenzen, VDI-Bildungswerk, BW 703

Budil, W. — Die Praxis der Netzplantechnik, Industrielle Organisation, 1964, Heft 8

Burger, E. — Einführung in die Theorie der Spiele. Mit Anwendungsbeispielen, insbesondere aus Wirtschaftsleben und Soziologie, Berlin 1966

Busacker, R.; Saaty, T. — Endliche Graphen und Netzwerke, München – Wien 1968

Caldwell, T. — On finding minimum routes in a network with turn penalties, Comm. ACM 4, 170–108 (1961)

Churchman, C. W.; Ackoff, R. L.; Arnoff, E. L. — Operations Research, Eine Einführung in die Unternehmens-Forschung, Wien – München 1968

Dijkstra, E. W. — A note of two problems in connexion with graphs, Number Math. 1, 269–271, 1959

Franke, F. Netzwerkplanung im Bauwesen, Berlin 1965

Frazer, J. R. Angewandtes lineares Programmieren, Stuttgart, Berlin, Köln, Mainz 1971

Freibe, E. Projektplanung und -überwachung mit Netzplantechnik, IBM-Nachrichten 204, S. 432 ff.

Garrasch, R. Kriminalitätsvorbeugung mit Netzwerk, Sozialistische Demokratie, Berlin

Gerhard, G. Über quantitative Methoden in der Verwaltung, in: Verwaltungsarchiv, Bd. 62, Heft 3, 1971

Gewald, K.; Kaspar, K.; Maier, H. Übungen zur Netzplantechnik, München – Wien 1968

Göttlinger, F. EDV-Planung in der öffentlichen Verwaltung. Eine Einführung, Berlin 1972

Götzke, E. Netzplantechnik, Theorie und Praxis, Leipzig 1969

Goppel, A. Bedeutung der Datenverarbeitung für die öffentliche Verwaltung, BayVBl. 1971, S. 1 ff.

Gutenberg, E. Grundlagen der Betriebswirtschaft, 2 Bände, Berlin, Heidelberg, New York 1967, 1968

Gutsch, R. Integrierte Zeit-, Kosten und Kapazitätsplanung, Technische Akademie Esslingen, Esslingen 1972

– Netzplantechnik, Technische Akademie Esslingen, Esslingen 1972

Haft, F. Elektronische Datenverarbeitung im Recht, München – Gießen 1970

Handbuch der Netzplantechnik, Autorenkollektiv, Opladen 1971

Heiland, H.; u. a.: Zur Anwendung der Netzplantechnik in der landwirtschaftlichen Unternehmensforschung, Agrarwirtschaft 15, 1966, 3. S. 89 ff.

Hirsch, D. Anwendungsprobleme der Netzplantechnik im Bauwesen, Wiesbaden – Berlin 1968

Jacob, H. (Hrsg). Die Anwendung der Netzplantechnik im Betrieb, Band 9 der Schriften zur Unternehmensführung, Wiesbaden 1969

Känel, S. v. Planung der Vorbereitung des Einsatzes einer elektronischen Datenverarbeitungsanlage mit Hilfe des PERT-Systems, Fertigungstechnik und Betrieb 15, 1965

Kaufmann, A. Entscheidungstechnik im Management, München 1968

Kern, N. Programme für die Netzberechnung auf Rechenautomaten, Ablauf- und Planungsforschung 6, Heft 1, S. 250 ff., 1965

Kern, W. Operations Research. Eine Einführung in die Optimierungsrechnung, Stuttgart 1969

Knödel, W. Graphentheoretische Methoden und ihre Anwendungen, Berlin, Heidelberg, New York 1969

König, D. Theorie der endlichen und unendlichen Graphen, New York: Chelsea Publ. Comp. 1950

Köster, W. Einführung in die Netzplantechnik, VDI-Zeitschrift 108 (1966) 14

Kraus, W. Operations Research. Ein Instrument der Unternehmensführung, München 1970

– Über die Terminplanung großer Entwicklungsvorhaben, Unternehmensforschung, 7, Heft 4, S. 151 ff., 1963

Krüger, K. Optimale Projekt-Fortschrittsplanung, Berlin, Köln, Frankfurt 1962

Leeb, M. Netzplantechnik bei mehreren gleichzeit laufenden unterschiedlichen Projekten, VDI-Zeitschrift 108, Nr. 14, S. 643, 1966

Matthies, W. Die Kostenplanung bei Forschungs- und Entwicklungsvorhaben im Zusammenhang mit der Anwendung der Netzwerktechnik, Fertigungstechnik und Betrieb, 16, Heft 4, S. 203, 204, 1966

Meller, F.; u. a. Die elektronische Datenverarbeitung, Forschung – Anwendung – Ausbildung, hrsg. vom Ausschuß für wirtschaftliche Verwaltung, Berlin 1964

Menges, G.: Grundmodelle wirtschaftlicher Entscheidungen, Köln und Opladen 1969

Müller-Merbach, H. Operations Research, München 1971

– Materialbedarfsplanung mit Netzplantechnik, Z. wirtschaftl. Fert. 61 (1966) 7, Juli, S. 388–390

Nagel, P. Die Anwendung der Netzplantechnik im Einprojektfall, wenn die Tätigkeiten um gleiche Hilfsquellen konkurrieren, Industrielle Organisation 35, (1966) 7, S. 299 ff.

Netzplantechnik, Ein Fortbildungskurs im Medienverbund, VDI-Verlag, Düsseldorf 1971

– Einführung in die Hamburgische Verwaltung, hrsg. vom Senatsamt für den Verwaltungsdienst, März 1972.

– ein Mittel zur Planung, Steuerung und Überwachung von Projekten, hrsg. vom Bundesminister der Verteidigung, Loseblattsammlung

– für den Materialfluß, Mainz: Krausskopf, 1968

Ore, O. Theory of graphs, Amer. Math. Soc. Colloq. Pub. 38, Providence R.J. 1962

Pollak, M. Solutions of the K-th best route through a network – A rewiew J. Math. Anal. Appl. 3, 547–559 (1961)

Programmierte Einführung in die PERT-Kostenplanung, Eine Methode zur Zeit- und Kostenplanung von Projekten, hrsg. v. d. Federal Electric Corporation, München 1967

Reschke H. – Unsin E. Praktische Wirtschaftsmathematik, RKW Baden-Württemberg, Bietigheim 1971

Rosenkranz, F. Netzwerktechnik und wirtschaftliche Anwendung. Mit besonderer Berücksichtigung der Netzplantechnik, Meisenheim am Glau 1968

Rossa, M. Netzwerktechnik als praktisches Kontrollinstrument für die Planung und Einführung von EDV-Großsystemen, Führungspraxis 6, (1966), Heft 8, S. 52 ff.

Schneider, K. G. Planung und Überwachung großer Bauprojekte mit Netzwerken, Elektrizitätswirtschaft 63 (1964), Heft 4, S. 136 ff.

Schönberg, G.; Saure, A. Netzwerkplanung für den Neubau eines Verwaltungsgebäudes, Baupraxis 18 (1966), Heft 6, S. 49 ff.

Stampa, W. Die Netzplantechnik und ihre Anwendung im Verwaltungsbereich. Der Organisator (Ausgabe B) 49 (1967), Nr. 574, S. 35 ff.

Thumb, N. Grundlagen und Praxis der Netzplantechnik, München 1968

Tonka, L.: Simulationsbeispiele aus der Netzplantechnik, Industrielle Organisation 33 (1964), Heft 8, S. 317 ff.

Voigt, J. P.: Netzplantechnik, Methoden zur Planung usw. (CPM, MPM, HMN, PDM, PERT), Dortmund 1970

Wagner, G. Die Anwendung der Netzplantechnik »CPM, PERT« in der Bauwirtschaft durch Unternehmer, Bauträger, Ingenieure und Architekten, Wiesbaden, Berlin 1965

Weber, K. Planung mit der »Critical Path Method« (CPM), Industrielle Organisation 32 (1963), Heft 1, S. 1 ff.

– Planung mit der »Program Evaluation and Review Technique« (PERT), Industrielle Organisation 32 (1963), Heft 2, S. 35 ff.

– Planung mit CPM und PERT, Verfeinerungen und Weiterentwicklungen, Industrielle Organisation 44 (1964), S. 231 ff.

Wille, H.; Gewald, K.; Weber, H. D. Netzplanmodelle für die Planung von Projekten, Elektronische Rechenanlagen 6 (1964), Heft 6, S. 277 ff.

Wollmer, R. Removing arcs from a network, Operations Res. 12, S. 934 ff. (1964)

Wolff, L. Netzplantechnik CPM in Beispielen, Aufgaben, Lösungen, Einführung in die Praxis, Köln – Braunsfeld 1967

Zimmermann, H. J. Einführung in die Grundlagen des Operations Research, München 1971

Kapitel 1 Die Geschichte der Netzplantechnik

Einführung

Die Verwendung von Netzplänen zur Planung, Steuerung und Überwachung von Projekten ist im wesentlichen eine Erfindung der Planungswissenschaftler aus den Vereinigten Staaten von Amerika.

Doch sei bemerkt, daß bei einer kurzen geschichtlichen Würdigung der Abwicklung von Erfindungsereignissen bei einer solch großen Vielschichtigkeit der Materie, wie der der Netzplanung, immer mehrere Wege gegangen wurden und auch heute noch gegangen werden.

Da gerade bei der Entwicklung und Erkennung aller Netzplanerfindungen der logische Sachzusammenhang gewährleistet ist, können auch alle Netzplan-Spielarten oder Ausgestaltungen unter der gleichen Flagge: *»Netzplan«* fahren.

1.1 Die Graphentheorie

Allein die Graphentheorie scheint heute schon reichlich alt zu sein. Denn einfache Verwendungen von Graphen wie Befehlsgliederungen, Stammbäume, elektrische Netze, graphische Fahrpläne sind zumindest keine Erfindungen unserer Zeit, zumal solche »Systeme« zweifellos schon seit dem Mittelalter verwendet werden.

Jedoch die Kurzbezeichnung »Graph« (entweder Kürzel aus »graphischer Darstellung« oder aber unmittelbare Ableitung von »to graphon«) und die mathematische Theorie treten nicht vor 1936 auf, soweit dies überhaupt feststellbar ist. Daher kann *D. König* mit seiner Dissertation aus dem Jahre 1936 »Über die Theorie der endlichen und unendlichen Graphen« an der Technischen Hochschule Dresden als »Erfinder« bezeichnet werden.

Später ist *D. König* im Zweiten Weltkrieg als »verschollen« gemeldet und nicht wieder an die wissenschaftliche Öffentlichkeit getreten. Daher kann man auch mit Recht die Erfindungen der anderen, unten entwickelten Methoden in den USA als »unabhängig« bezeichnen.

Jedoch soviel sei gesagt, daß die Dissertation von *D. König* späten Ruhm erlangt hat, und er mit seiner Arbeit zwar als der »Erfinder« der *wissenschaftlichen Graphentheorie, nicht jedoch der praktischen Verwendung* von Graphen angesehen werden kann.

Auch ist bemerkenswert, daß viele wertvolle Anwendungen der Graphentheorie auch ohne diese Theorie erreichbar sind und der seltene Fall vorliegt, daß hervorragende Praktiker des Netzplanes sich *nie* mit dieser Theorie befaßt haben und dies bei ihrer Tätigkeit auch nie als Mangel empfunden haben.

Allein die Verwendung des Netzplanes mittels elektronischer Datenverarbeitungsanlagen zwingt dazu, sich mit dieser Theorie zu befassen.

Der mathematische Ansatzpunkt der Graphentheorie, der nicht der einzig mögliche ist, daß eine Struktur von zwei Mengen mit zwei äußeren Verknüpfungen definiert und dann bewertet wird, ist recht naheliegend, nachdem die Mathematiker der Jahrhundertwende für unsere Zeit die Mathematik als Theorie von Strukturen aus Mengen mit abstrakten Verknüpfungen geschaffen haben.

1.2 Wie entstand CPM?

Hinter dem Namen »CPM« verbirgt sich die Critical *P*ath *M*ethod« oder »Die Methode des kritischen Weges (Pfades)«, einfacher ausgedrückt: Ein einfach bewertetes Vorgangs-Pfeilnetz.

Meist werden dann neue Wege beschritten, wenn man mit dem Althergebrachten nicht mehr zufrieden ist. So auch bei »CPM«:

Das größte chemische Industrieunternehmen der USA – du Pont de Nemours & Company – war mit den üblichen Methoden der Planung und Überwachung von Großprojekten und Vorhaben nicht mehr zufrieden und beauftragte eine Gruppe, zu der später die bekannte »Remington Rand Corporation« aus Santa Monica zugezogen wurde, mit der Entwicklung einer wirksameren Methode zur Planung, Steuerung und Überwachung von Projekten.

Da schon in der zweiten Hälfte des Zweiten Weltkrieges bei der Entwicklung der nuklearen Bombe (das Projekt »Manhattan«) Vorarbeiten geleistet waren, arbeitete man grundsätzlich nicht an etwas völlig Neuem, sondern an der Modifizierung des bereits Vorhandenen. Man verwendete beim Projekt »Manhattan« noch keine »Netzpläne« heutiger Prägung, sondern Gantt-Diagramme, Balkenpläne und andere herkömmliche Mittel und Methoden, die hier und dort auch den Charakter unvollständiger Graphen hatten.

1959 traten erstmals in Boston Mrs. *Kelley* (von der Sperry Rand Corporation) und Mr. *Walker* (von du Pont) mit der Methode »CPPS« (=Critical *P*ath *P*lanning and *S*cheduling«) auf dem Computer-Kongress »IRE – AIEE – ACM« vor die Öffentlichkeit.

Betraf »CPPS« zunächst nur die Zeitplanung und die zeitliche Überwachung von Projekten, so schloß sich »CPS« bald mit Einbeziehung der Kostenüberwachung sowie Berücksichtigung von Kapazitätsschranken und den Einflüssen anderer Projekte an.

1.3 Wie entstand »PERT«?

Bei »CPM« kamen zwar erstmals die neuentwickelte Netzplanung und die Projektplanung zusammen, jedoch die genaue Kostenüberwachung und die Einbeziehung der Kapazitäten, die doppelte und mehrfache Bewertung standen weitgehend noch aus.

Mit dem »PERT« (*P*roject *E*valuation and *R*eview *T*echnique), das für die Polaris-Raketen-Waffensysteme für die US-Navy entwickelt wurde, haben wir erstmals 1958 das erste vollständige Planungs-, Steuerungs- und Überwachungssystem dieser Art. Dabei lagen die Schwierigkeiten des mehrere Milliarden Dollar kostenden Projektes »Polaris-Raketen-System« weniger in den Planungsunsicherheiten, als hauptsächlich in der Koordination, Kooperation und der Integration aller beteiligten Regierungs-, Verwaltungs- und privatwirtschaftlichen Stellen.

Dabei wurde die »Graphentheorie« als damals bereits bekannte mathethematische Theorie bewußt verwandt; auch gibt es hierbei mehrere Bewertungen, Kostenpläne und sogar statistische Methoden.

Reiht »CPM« die Projektarbeiten aneinander, stellt »PERT« den Ablauf als eine Folge von Ereignissen dar.

1.4 Wie entstand »MPM«?

Nicht nur in Amerika nahmen die Probleme zur Erfassung von Projektabläufen ihren Platz innerhalb der Wissenschaft, Wirtschaft und der öffentlichen Verwaltung ein, sondern auch in Europa.

So wurde von Bernard *Roy*, einem französischen Mathematiker, die »MPM« (die Metra-Potential-Methode) entwickelt.

Die erste Anwendung dieser französischen Netzplanmethode geschah 1958/59 im Auftrag der Electricité de France für die Terminplanung und -überwachung des Baus von Atomkraftwerken an der Loire.

Diese Methode war wiederum spezifisch europäisch, d. h. für kleinere Projektvorhaben geeignet. Als die amerikanischen Netzpläne nach Deutschland kamen, waren die Originalsysteme aus den USA nicht voll anwendbar, da die Größe der Projekte und die ganze Arbeitsweise sowie auch die Arbeitsbedingungen völlig verschieden waren. Mit dem üblichen Aufwand, der in den USA damals noch bei Neuentwicklungen getrieben wurde, hätte man in Europa kaum wirksam arbeiten können.

1.5 Wie entstand »PPS«?

Es ist das große Verdienst von *Roland W. Gutsch,* dem Bereichsleiter der Firma Dornier AG in Friedrichshafen, mit seinen Mitarbeitern, zu denen auch einer der Autoren dieses Buches gehörte, in Verbindung mit dem Bundesministerium der Verteidigung das erfolgreichste deutsche Netzplansystem geschaffen zu haben. Ganz am Anfang, vor über zehn Jahren, stand das Dornier-PERT, dann ging Gutsch zu Vorgangs-Knoten-Netzen über, und die verschiedenen Stufen des »PPS-Systems« (*P*rojekt-*P*lanungs-*S*ystem) sind unbestritten der erfolgreichste Weg zu einer allgemein verwendbaren Netzplantechnik. Damit sollen die zahlreichen parallelen Versuche anderer Autoren, speziellere Systeme zu entwickeln, nicht in ihrem Wert und Erfolg geschmälert werden. Daß sich heute solche Entwicklungen vielschichtig unter kaum feststellbarer gegenseitiger Beeinflussung vollziehen, ist eine Eigenart unserer Zeit.

Kapitel 2 Projekt in der Verwaltung

Einführung

Netzpläne sind eine der quantitativen Methoden der Verwaltung.

Allgemein lassen sich durch die Verwendung von Netzplänen Projekte, ob nun in der privaten Wirtschaft oder in der öffentlichen Verwaltung, planen, im Ablauf überwachen und übersichtlich darstellen.

Der Führung, den Managern oder den Entscheidungsträgern geben Netzpläne unmittelbar und durch anschließende Auswertungen wesentliche Führungs- und Entscheidungshilfen.

2.1 Begriff: Projekt

Erst in der neueren betriebswirtschaftlichen Literatur – seit etwa 1960 – tritt der Begriff »Projekt« auf.

Wie fast alle Begriffe der »Management Science« oder der »Administration Science« kommt auch dieser Begriff aus den Vereinigten Staaten von Amerika. Er soll grundsätzlich zur Erläuterung für das in den modernen organisatorischen Verfahren angewandte Vorgehen dienen.

Um uns nicht mit dem zahlreich vorliegenden Schrifttum aufzuhalten, wollen wir folgende Definition von *Martino* (Projekt Management and Control, New York 1964/65. Vol. I, Finding the Critical Path, S. 17) den Ausführungen zugrundelegen:

»Projekt ist jede Aufgabe, die einen definierbaren Anfang und einen definierbaren Abschluß hat und den Einsatz eines oder mehrerer Faktoren für jeden einzelnen, miteinander verbundenen und wechselseitig voneinander abhängigen Teilvorgang fordert, der ausgeführt werden muß, um das dieser Aufgabe vorgegebene Ziel zu erreichen.«

Bitte, prägen Sie sich wenigstens den Grundgedanken dieser kleinen, einfachen Definition ein, da er für alle folgenden Ausführungen von tragender Bedeutung sein wird.

2.2 Arten von Projekten

Jedes Projekt hat seine eigene Organisationsform, wobei Kosten, Zeit und Kapazitäten (personelle, materielle und finanzielle) berücksichtigt werden

Alle drei genannten Begriffe – Kosten, Zeit und Kapazitäten – gehören der Betriebswirtschaftslehre an und finden heute auch ihre Übertragung in die »Öffentliche Verwaltungslehre«.

Doch sei zur »Rehabilitierung« der Öffentlichen Verwaltung, der Uneffektivität, plan- und zielloses Handeln sowie Unflexibilität vorgeworfen wird, bemerkt, daß im 17., 18. und noch im 19. Jahrhundert *nicht* die Privatwirtschaft in Organisationsform, Aufbau und Struktur der Verwaltung richtunggebend war, sondern die öffentlichen Stadt-, Reichs- und Staatsverwaltungen. Heute dagegen stehen wir an dem Umkehrpunkt, daß die öffentlichen Verwaltungen von Errungenschaften aus der Privatwirtschaft partizipieren.

Aus diesen Gründen erscheint uns auch der Versuch einer Trennung zwischen technischen und nicht technischen Verwaltungsobjekten und Verwaltungsprojekten nicht erforderlich und auch aus Gründen des besseren Verständnisses nicht geboten. Projekte der Verwaltungspraxis sind selten ohne Auswirkungen auf die Technik.

Beispiel:
Selbst der einfachste Umzug einer Behörde hat unmittelbar technische Auswirkungen und sei es nur die Instandhaltung der einzusetzenden Fahrzeuge, die Installation eines neuen, hausinternen Fernsprechnetzes usw. usw.

Anmerkungen:
Überdenken Sie bitte jedes genannte Beispiel und versuchen Sie, die Denkschritte möglichst praxisnah bis zum Projektende zu verfolgen.

Das obengenannte Beispiel *»Umzug einer Behörde«* finden Sie als fertiges Netzplan-Projekt unter Kapitel 10.

Auch bei rein organisatorischen Verwaltungsproblemkreisen kann die technische Komponente die ausschlaggebende sein.

Beispiel:
Ist eine »Altstadtsanierung« technisch oder nicht technisch?

Auf jeden Fall hat dieses meist politisch-verwaltungsorientierte Projekt technische Auswirkungen. Und sei es nur die Messung des Grundwasserspiegels, die Begutachtung der Versorgungsleitungen oder die Neutracierung von Straßen usw.

Anmerkung:
Das Beispiel *»Gewässerausbau«*, das Sie unter Kapitel 10 finden, geht auch auf dieses Problem ein.

Daher kann man sagen, daß bei der großen Vielfalt der Anwendungsmöglichkeiten und der Komplexität der Anwendungsgebiete so viele Übergänge und Überschneidungen auftreten, daß nur die Existenz und die Definition des »Projektes«, wie wir sie schon kennengelernt haben, eine brauchbare Abgrenzung zu anderen Arbeitsgebieten ermöglicht.

2.3 Netzplantechnik

Die DIN-Normen* – die jeder Netzplan-Anwender kennen sollte und die deshalb diesem Buch als Anhang beigefügt sind – haben den Namen *»Netzplantechnik«* eindeutig und genau festgelegt. Daher werden wir uns durchgehend an diese einmal festgelegten Benennungen halten.

Deshalb auch unser Rat: Blättern Sie ruhig den Anhang etwas durch und machen Sie sich gleich Ihre Gedanken zu den dort festgehaltenen Definitionen.

Von dieser DIN-Norm-Festlegung ausgehend, mag der Mythos »Netzplantechnik« oftmals dazu verführen, diese Methode der Verwaltung für ein Gebiet aus der Technik und speziell für die Technik zu halten.

Zwar gibt es derzeit noch sehr viele Netzpläne, die ausgesprochen technisch orientiert sind, doch sind Netzpläne für Organisationsprojekte schon sehr stark »emanzipiert« und finden heute überall schon beachtenswerte Anwendung.

Beispiel:
Überwachung der Arbeitsabläufe und Vorgänge bei der *»Europarakete«*:

Daß dieses gemeinsame Projekt mehrerer europäischer Staaten nicht vom »Boden abkam«, sollte nicht gegen die Netzplantechnik sprechen, sondern hat vielmehr den Grund in einem »Sich-Nicht-Verstehen« und dem bekannten europäischen Wissenschafts-time-lag.

Dies soll heißen: Nicht Planung mittels Netzplantechnik bringt Projekte zum Scheitern, sondern der Mensch mit all seinen psychologischen, chauvinistischen, politischen und anthropologischen Fehlleistungen.

Beispiel:

Die Bauüberwachung des Olympischen Dorfes sowie aller Sportanlagen in München ist (und konnte auch nur!) mittels eines alles umfassenden Netzplanes gemacht worden.

Vom ersten Spatenstich, über den Verlauf der Spiele bis zum Schlußtag wurde alles mit der Netzplantechnik geplant, gesteuert, überwacht und letztlich damit erst realisiert. Denn mit einem »Über-den-Finger-Peilen« ist heute ein Bauvorhaben dieser oder auch kleinerer Machart *nicht* mehr möglich, ja nicht einmal mehr vorstellbar!

Daraus ersehen wir, daß es auch schon beachtliche Anwendungen gibt, die außerhalb der Technik liegen oder sollten etwa die Marathonläufer bei ihrem

* DIN 69900 Seite 143

Einlauf ins Stadion durch die 100-Meter-Sprinter gestört werden? Wenn nein, so ist die Organisation dieser Stunde *kein* rein technisches Problem, sondern ein fest umrissenes Verwaltungshandeln.

Viele Organisations-Soziologen, aber auch Mathematiker und Theoretiker der quantitativen Methoden rechnen die Netzplantechnik als eine Methode des »Project Management« zum »Operations Research«, d. h. zum Gebiet der Unternehmensforschung.

Da sich Netzpläne als besonders einfacher Teil der linearen Optimierung beim ausschließlichen Vorherrschen der Zweierrelationen erfassen lassen, könnte man sogar die Netzplantechnik als einen Teil des »Linear Programming« ansehen. Diese Ansicht wird auch von einigen Autoren in Amerika und der Bundesrepublik Deutschland vertreten.

Indessen werden Netzpläne mit gutem Erfolg auch außerhalb implizit definierter Projekte und für recht kleine Vorhaben verwendet.

Beispiel:
Man kann einen recht simplen Netzplan vor größeren Prüfungen aufstellen.

Die Fächer, die geprüft werden, und die dafür prognostizierte Zeit der Vorbereitung werden eingetragen, und man kann mittels dieses recht einfachen »Taschen-Netzplans« zu guten, d. h. erfolgreichen Prüfungsergebnissen kommen, wobei die Prüfung unser »Projekt« ist.

Auf das oben Gesagte aufbauend, läßt sich an Hand dieses Beispiels »Prüfung mittels Netzplanes« zeigen, daß der Rahmen des »Operations Research« und des »Project Management« oftmals unnatürlich und gekünstelt aufgebauscht wird.

2.4 Unterscheidung nach Netzplangrößen

Wir können nun versuchen, zwischen Netzplänen als Teil der »Projektplanung« (»Project Management«) des »Operations Research« und kleineren Netzplänen ohne diese Zuordnung zu unterscheiden.

Beispiel:
Auf einer kleineren Baustelle wird niemand den Netzplanfachmann als »Unternehmensforscher« bezeichnen, da diese Zuordnung zu weit hergeholt ist.

Alle wirksamen und erfolgreichen Netzplananwendungen, auch wenn die Projekte noch so klein sind und nicht beim Namen genannt werden, sind Planungs-, Steuerungs- und Überwachungssysteme für Abläufe in der Zeit, den Kosten und den Kapazitäten.

Genau besehen und zerlegt sind es Projektanalysen mit Entscheidungsalternativen für die Führung. Daraus folgt, daß Projekt und Netzplan begrifflich kaum voneinander zu trennen sind.

Daß dabei zum eigentlichen »Operations Research« nicht alle Netzpläne gerechnet werden können, soll hierbei nicht weiter ins Gewicht fallen.

Auch kann man folgern, daß es sich bei sehr kleinen Netzplänen um Randerscheinungen unserer schon oben erwähnten »quantitativen Methode« handelt.

Weiterhin sei bemerkt, daß es einige Fälle geben kann und wird, in denen die wesentliche Überlegenheit von »Projekt und Netzplan« gegenüber einfacheren, älteren Methoden nicht bewiesen werden kann. Aber soll man etwa Netzplantechnik allein daran messen, daß es Fälle gibt, die man ohne sie einfacher lösen könnte?

Einfacher vielleicht, aber sicher nicht exakter! Und gerade in einer Zeit der »Kostenexplosionen« sollte man jedes gangbare und bewährte Mittel wie z. B. den »Netzplan« anwenden, um nicht selbst in finanziellen Überdruck zu kommen nur wegen der Berufung auf das »Ältere«, nicht jedoch »Bessere!«

Zudem sei festgestellt, daß auch bei anderen Methoden (z. B. den »Warteschlangen« oder den »Simulationsproblemen«) immer Grenzfälle vorhanden sein könnten, die gegen die Anwendung dieser Methoden sprechen können.

Da die Beschreibung des Netzplanes durchschnittlicher Größe durchaus auch die kleineren Netzpläne miterfaßt, brauchen folglich auch Unterscheidungen nach der Größe *nicht* behandelt zu werden. Bei sehr großen Netzplänen gibt es einige Besonderheiten, die man ruhig den für solche Großaufträge und Großvorhaben beauftragten Firmen überlassen kann.

Auch sollte dieses Buch nicht den Zweck mitverfolgen, etwa auch für einen komplexen Universitätsneubau ein genaues »Rezept« dem Leser an die Hand zu geben.

2.5 Drei umstrittene Kriterien für die Anwendbarkeit von »Projekt und Netzplan«

Das Objekt der Analyse, die Planung der Zeiten, die Kosten und die Kapazitäten *müssen* bedeutungsvoll sein!

Dies soll heißen: Die festgestellten Schwankungen im Ablauf müssen bedeutsame Auswirkungen haben. Wo es auf Änderungen der Werte dieser Bewertungen *nicht* ankommt, kann man auf Netzpläne verzichten.

Auch muß das Projekt entweder so groß oder so komplex sein, oder Verzögerungen und Störungen müssen mit solchen Gefahren verbunden sein, daß »einfaches, freies« Handeln, Planen und Überwachen *nicht* zum Erfolg führen.

Hier ist jedoch die Grenze sehr schwer zu finden. Als einziges Entscheidungs-Indiz ist das Kosten- und Zeitproblem von aussagestarker Bedeutung.

Es lassen sich psychologische und organisatorische Gewohnheiten, einzelne Personen und nicht genau definierte Einzelheiten, auf die es entscheidend ankommt, *nicht allgemein* zusammenfassen.

Die Kosten und der Aufwand für die Netzpläne für Planung und Überwachung müssen *angemessen* sein. Netzpläne können oft sehr teuer werden, zumal wenn sie umfassend sein sollen.

Wo z. B. Gefahren für Menschenleben abgewendet oder verringert werden sollen und auch können, sollen und müssen andere Maßstäbe gelten. Diese Rentabilitätsrechnungen und -betrachtungen für die Planung und Überwachung von Projekten versagen immer dann, wenn der Erfolg des Ganzen *nicht* mit Geldwerten treffend angegeben oder gekennzeichnet werden kann.

Der Wert einer besseren, präziseren und früher zur Verfügung stehenden aussagefähigen Planung und einer ohne Zeitverlust wirksamen Überwachung ist in den meisten Fällen nicht mit Geld zu bemessen.

Oft kann aber eine vernünftige Grenze nach oben für die Kosten des Netzplanes festgelegt werden.

Wenn nun diese Kriterien einzeln oder gemeinsam *nicht* mehr anschlagen, wenn Richtwerte des Einzelfalles wesentlich überschritten werden, soll von einem Arbeiten mit der Netzplantechnik zwar nicht grundsätzlich abgeraten werden, es könnten aber dann Planungs- und Überwachungsstrukturen entstehen, deren Erfolg nicht mehr gesichert ist.

Kapitel 3 Projektstrukturplan

Einführung

Größere Vorhaben müssen geplant werden.

Es muß das Ziel der Planung sein, eine möglichst genaue Abbildung des Projektablaufes zu finden.

Die dafür erforderlichen Voraussetzungen sind folgende:

Definition des Vorhabens

Analyse des Informationsflusses

Untersuchung der Organisationen, innerhalb denen das Projekt abgewickelt werden soll, einschließlich der gegebenen oder zu beschaffenden Möglichkeiten. Diese sind:

- Geld
- technische Einsatzmittel
- Menschen
- Verwaltungskapazitäten

3.1 Erste Stufe: Vorüberlegungen, Analysen, Studien

Zweck dieser ersten Vorüberlegungen ist es, den Rahmen des Vorhabens (= des »Projektes«) abzustecken.

Diese erste Stufe der Projektplanung kann sehr verschiedenartig gestaltet sein.

Bei sehr großen und für solche Untersuchungen besonders lohnenden Projekten findet man umfangreiche Analysen und Studien, mit denen die Organisationen auf ihre Präferabilität geprüft werden und auch der Informationsfluß bis in die kleinste Einzelheit analysiert wird.

In der folgenden Vorüberlegungsliste sind einige Punkte aufgeführt, die dabei berücksichtigt werden müssen. Wir erheben dabei keinen Anspruch auf Vollständigkeit, sondern wollen dem Leser lediglich einen kurzen Leitfaden an die Hand geben.

Vorüberlegungsliste

Erste Formulierung des Ziels des Projektes
Erste Formulierung des Zwecks der Organisation

Genehmigung von welcher Seite:	organisatorisch
	finanziell
	politisch
Arbeitsauftrag:	eigene Arbeit
	Weitergabe (Delegation)
	Weitergabe an wen
Ermittlung der Informationen:	eigene
	fremde
	fremde welche
	fremde von wem

Erkennen der Schwachstellen
Überlegung nach den Prioritäten
Termineinschätzungen
Überlegungen nach den finanziellen Mitteln
Überlegungen nach den verfügbaren Menschen
Überlegungen nach den technischen Mitteln
Überlegungen nach Lösungsmöglichkeiten
Überlegungen nach Alternativ-Vorschlägen

In vielen anderen Fällen sind diese Untersuchungen quantitativ nicht in diesem Umfang notwendig, da auf Grund von Gesetzen, Normen, Vorschriften oder Erfahrungswerten die an dem Vorhaben beteiligten Stellen, Behörden oder Ressorts und deren Berichtswesen bereits bekannt sind.

Aber auch hier sind die – zum Teil nicht mehr bewußt offenliegenden – organisatorischen Beziehungen der Beteiligten und der Informationsfluß darzustellen.

3.2 Zweite Stufe: Definition des Projekts

Die Definition des Projekts muß die Rahmenforderungen und die grundsätzlichen Spezifikationen des Vorhabens, d. h. die ganz speziellen, auf dieses Projekt zugeschnittenen Anforderungen enthalten.

Beispiel:

Bei einem Verwaltungsbau müssen neben der Festlegung der Zusammenarbeit und Abgrenzung der Verantwortlichkeiten und Zuständigkeitsbefugnisse, die sich aus der Organisationsuntersuchung unter Beachtung aller einschlägigen Normen und Gesetze ergeben, der Standort, das Raumprogramm, die Gestaltung, der innere Ausbau, die technischen Anlagen so beschrieben sein, daß eine Ausschreibung und eine erfolgreiche Planung möglich ist.

Da die Vorhaben, die man mittels der Netzplantechnik planen, steuern und überwachen will, meist umfangreich und unübersichtlich sind, da andernfalls die Anwendung der Netzplantechnik reiner »Selbstzweck« sein kann, kann der Planer auch aus einer detaillierten Projektdefinition und Untersuchung der ausführenden und beeinflussenden Faktoren noch keinen vollständigen Netzplan erkennen und zeichnen.

Er benötigt zunächst ein einfaches, vollständiges und übersichtliches Bild der Funktionen und Objekte, die für das Erreichen des Projektzieles notwendig sind: den *Projektstrukturplan.*

Es gibt Fälle, in denen überwachende und große Projekte planende Behörden den Projektstrukturplan mit einer angeschlossenen einfachen Fortschrittskontrolle, ausgerichtet nach der Ausgabe der Haushaltmittel, als Planungssystem verwenden.

Die Netzpläne bleiben den einzelnen nachgeordneten Dienststellen, aus unserer Sicht den Planern für die Teilprojekte, überlassen.

Solche für sich allein stehenden Projektstrukturpläne sind bis zu den Arbeitspaketen untergliedert und werden dann aber auch als »Arbeits-Paket-Listen« geschrieben. Die Fortschrittskontrolle erfaßt nur Auszahlungen z. B. höher als 10 000 DM.

Daß hier auch die Möglichkeit bestehen würde, die Netzpläne der nachgeordneten Dienststellen insgesamt auszuwerten und als Planungsinstrument zu verwenden, ist leicht einzusehen. Dieses Gesamt-Planungssystem scheitert jedoch in vielen Fällen an der Verschiedenheit der Netzplansysteme, der mangelnden Integration und vielleicht auch an der Selbständigkeit der nachgeordneten Stellen.

3.3 Aufbau des Projektstrukturplanes

Das Ziel der beiden ersten Planungsstufen ist ein Gliederungsschema, das den Rahmen bildet, innerhalb dessen sich die Planung, Steuerung und Überwachung eines Vorhabens vollziehen. In dem Projektstrukturplan wird für das betreffende Vorhaben das Ergebnis der oben erwähnten Definitionen, Analysen und Untersuchungen dargestellt. In der Spitze des Projektstrukturplanes wird das definierte *Projektziel* aufgeführt und systematisch in seine Teilaufgaben bis hinunter zum Arbeitspaket *zerlegt.*

Abb. 3–1 zeigt für unser Projekt eines Verwaltungsbaus die erste Ebene des Projektstrukturplanes, wobei zunächst nur das Objekt selbst betrachtet wird.

Einzelne oder, falls erforderlich, alle Teilaufgaben dieser ersten Ebene können, sofern sie noch zu unübersichtlich oder zu umfangreich sind, in einer zweiten Ebene weiter unterteilt werden.

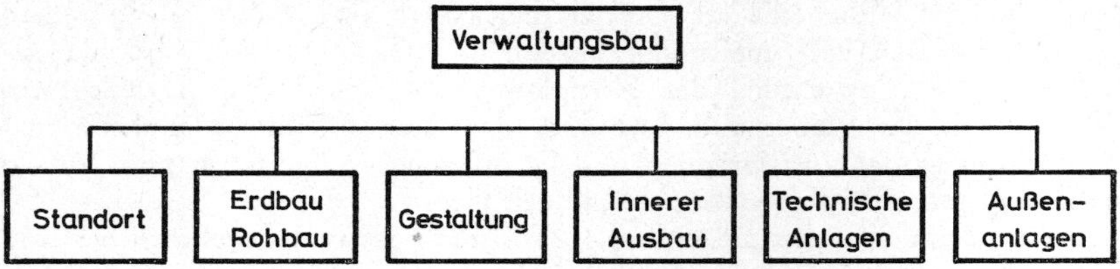

Abb. 3–1: Projektstrukturplan »Verwaltungsbau« – erste Ebene

In Abb. 3–2 haben wir z. B. die Teilaufgabe der ersten Ebene »Technische Anlagen«, in der zweiten Ebene in »Beleuchtung«, »Nachrichtenanlagen«, »Transportanlagen«, »Heizung«, »Lüftung und Klimatisierung«, »Anlagen zur Verhütung und Bekämpfung von Bränden«, »Zivilschutz« und »Technische Ausgestaltung der Sitzungssäle« untergliedert.

Zusammen mit den weiteren Aufteilungen der Teilaufgaben der ersten Ebene, die aus Gründen der Übersichtlichkeit in unserem Beispiel nicht durchgeführt wurden, haben wir die zweite Ebene des Projektstrukturplanes erarbeitet. In einer dritten und vierten und ... Ebene können weitere Unterteilungen vorgenommen werden.

Teilaufgaben, die dabei nicht weiter unterteilt werden, bezeichnet man als *Arbeitspakete*. Arbeitspakete können also in jeder Ebene des Projektstrukturplanes auftreten.

In unserem Beispiel, dem Projektstrukturplan für das Projekt »Verwaltungsbau«, ist die Teilaufgabe »Nachrichtenanlagen« in Arbeitspakete aufgegliedert worden.

In diesem Projektstrukturplan ist das Objekt »Verwaltungsbau« als Hauptaufgabe und die zu diesem Projekt gehörenden Bauten, Anlagen, Ausbauten als *Teilaufgaben* bzw. Arbeitspakete definiert worden. Die einzelnen Ebenen des Projektstrukturplanes kennzeichnen den Detaillierungsgrad der Teilaufgaben, und die Verbindungslinien geben die Beziehungen zu den über- und untergeordneten Aufgaben an.

Ein Projektstrukturplan muß sämtliche Teilaufgaben enthalten, die für das Erreichen des Projektzieles relevant sind, und jede auftretende Teilaufgabe muß für das Projekt wesentlich sein.

In unserem ersten Projektstrukturplan für einen Verwaltungsbau stand das Objekt mit seinen Unterteilungen im Mittelpunkt der Überlegungen. Man spricht in diesem Fall von einem *objektorientierten* (in der Literatur findet man häufig auch den Begriff »erzeugnisorientierten«) Projektstrukturplan.

Unsere ersten Analysen und Untersuchungen bezogen sich aber nicht nur auf das Objekt, sondern auch auf organisatorische Gesichtspunkte einschließlich der zur Projektrealisation erforderlichen Funktionen.

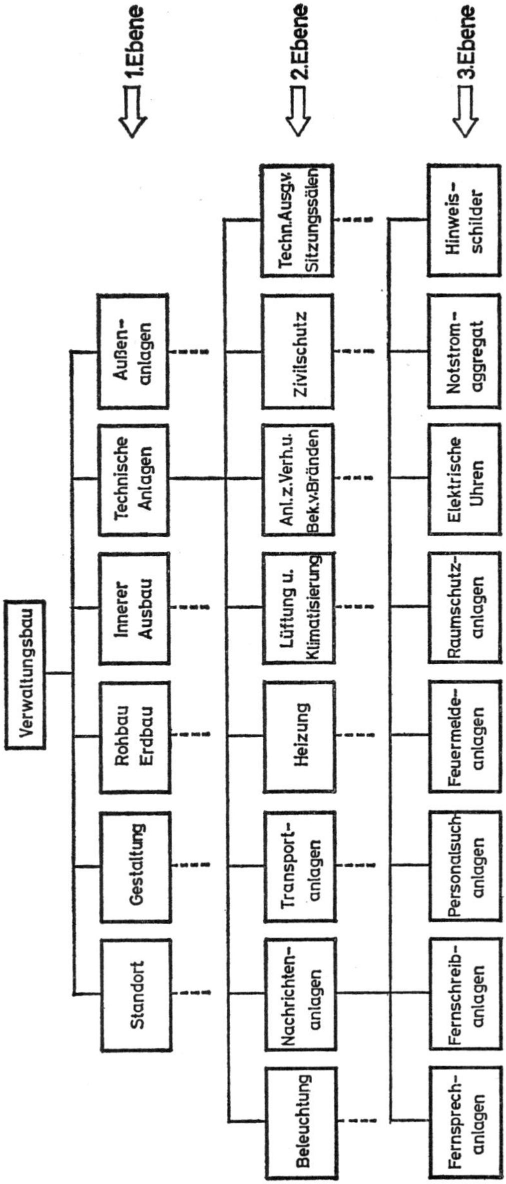

Abb. 3–2: Projektstrukturplan »Verwaltungsbau« mit drei Ebenen – objektorientiert

Diese Aufgliederung des Projekts wird in einem *funktionsorientierten* Projektstrukturplan vorgenommen.

In vielen Fällen ist dieser Projektstrukturplan ein Ausschnitt aus der Organisation der das Projekt ausführenden Stellen, wobei allerdings nur die wirklich beteiligten Stellen aufgeführt werden.

In Abb. 3–3 ist der funktionsorientierte Projektstrukturplan für unser Projekt »Verwaltungsbau« dargestellt. Er enthält nur die ausführenden, beratenden und überwachenden Stellen.

Neben diesen beiden Formen sind in der Praxis häufig Mischformen zu finden. In den Abbildungen 3–4 bis 3–7 sind die Projektstrukturpläne für unsere in Kapitel 10 weiter ausgeführten und erklärten Beispiele dargestellt.

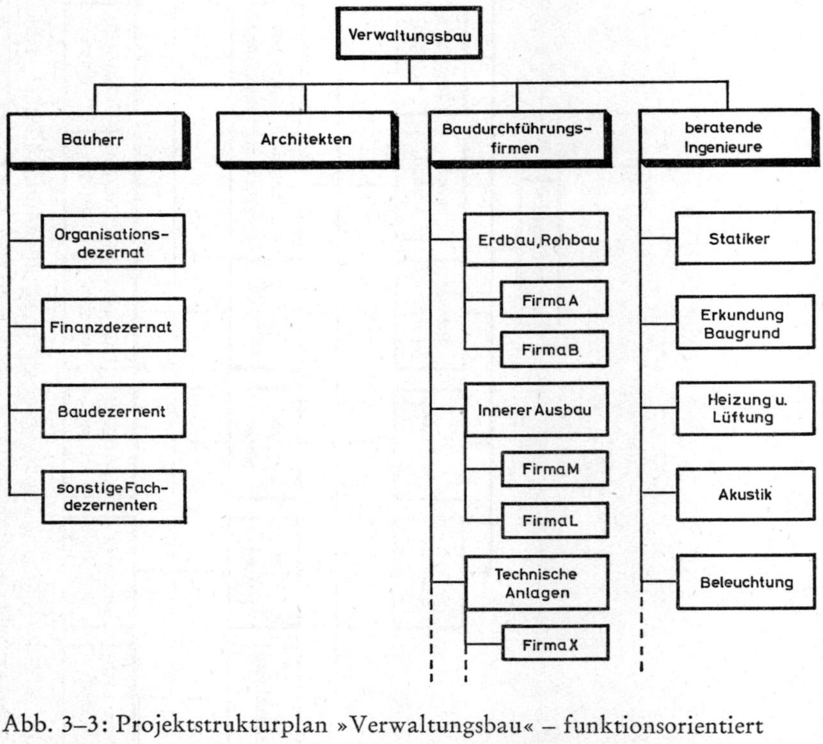

Abb. 3–3: Projektstrukturplan »Verwaltungsbau« – funktionsorientiert

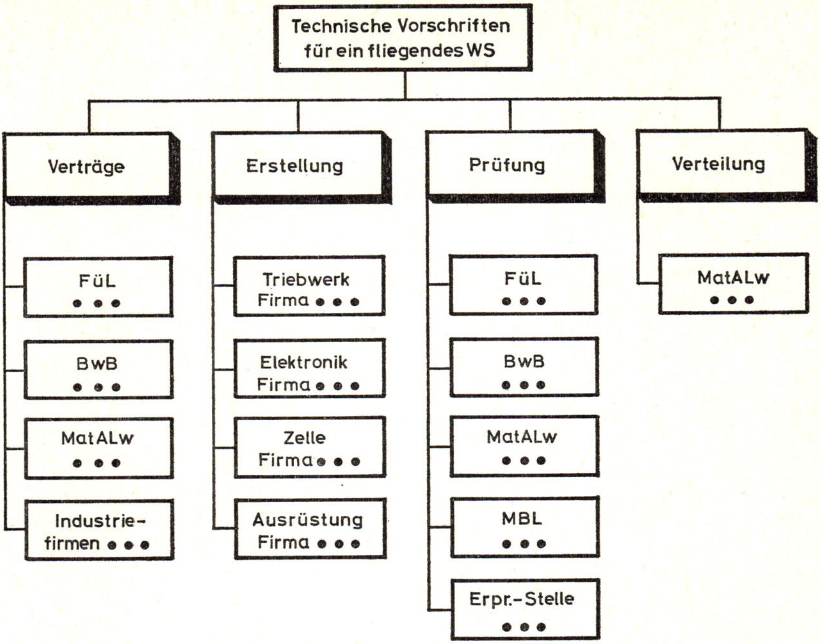

Abb. 3–4: Projektstrukturplan für das Beispiel »Wehrtechnik«

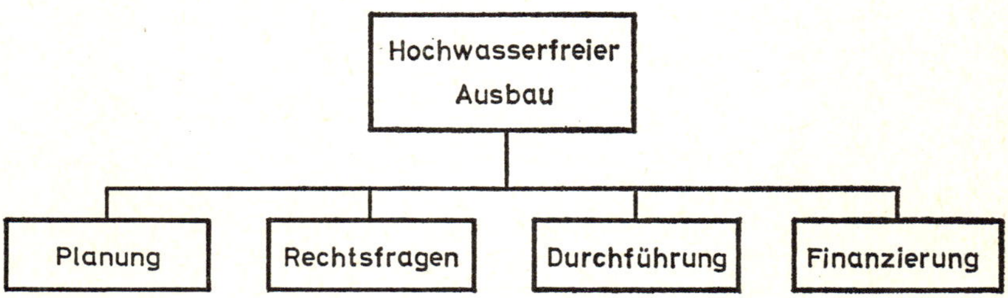

Abb. 3–5: Projektstrukturplan für das Beispiel »Gewässerausbau«

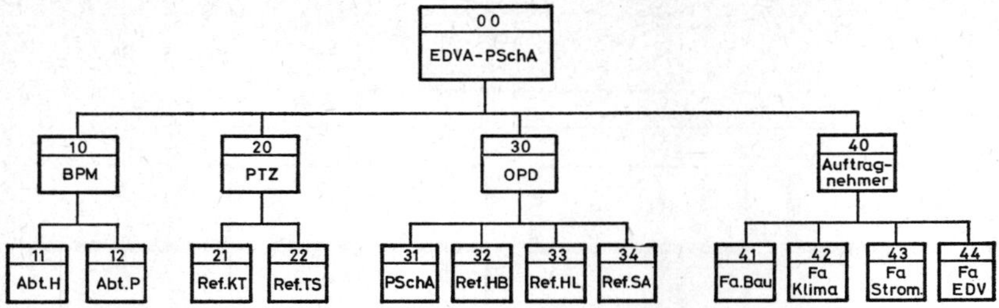

Abb. 3–6: Projektstrukturplan für das Beispiel »Installation einer Datenverarbeitungsanlage in einem Postscheckamt«

Anmerkung: Dieser Projektstrukturplan ist aus dem Beispiel im Begleitmaterial des VDI-Seminars »Netzplantechnik im Medienverband« entnommen (VDI-Verlag Düsseldorf 1971)

3.4 Zusammenfassung (1. Teil)

Form und Inhalt des Projektstrukturplanes sind von Projekt zu Projekt verschieden und hängen, wie auch im Handbuch zum PPS-System ausgeführt wird, unter anderem ab von:

→der Größe und Komplexität eines Projektes
→der Struktur der Organisationen, die mit einem Projekt befaßt sind
→der Unsicherheit hinsichtlich der technischen Aufgabenstellung, die dem Projekt zum Zeitpunkt der Planung anhaftet
→der Zeit, die für die Planung zur Verfügung steht
→den Mitteln, die im Etat vorhanden sind

Diese Faktoren bestimmen den Grad horizontaler und vertikaler Detaillierung, der möglich und für eine effiziente Projektplanung und -überwachung notwendig und hinreichend ist.

3.5 Funktion des Projektstrukturplanes

Mit dem Aufbau des Projektstrukturplanes ist die erste Planungsphase eines Projektes abgeschlossen. Der Projektstrukturplan hat uns zunächst geholfen, das angestrebte Projektziel genauer zu erfassen und festzulegen.

Weiterhin bildet er eine gemeinsame Basis für eine integrierte Zeit- und Kostenplanung. Durch die vorangestellte Analyse der Organisationen, die in dem Projektstrukturplan in der für das Projekt geeigneten Form festgelegt wurden, ermöglicht er eine eindeutige Zuordnung von Verantwortungsbereichen.

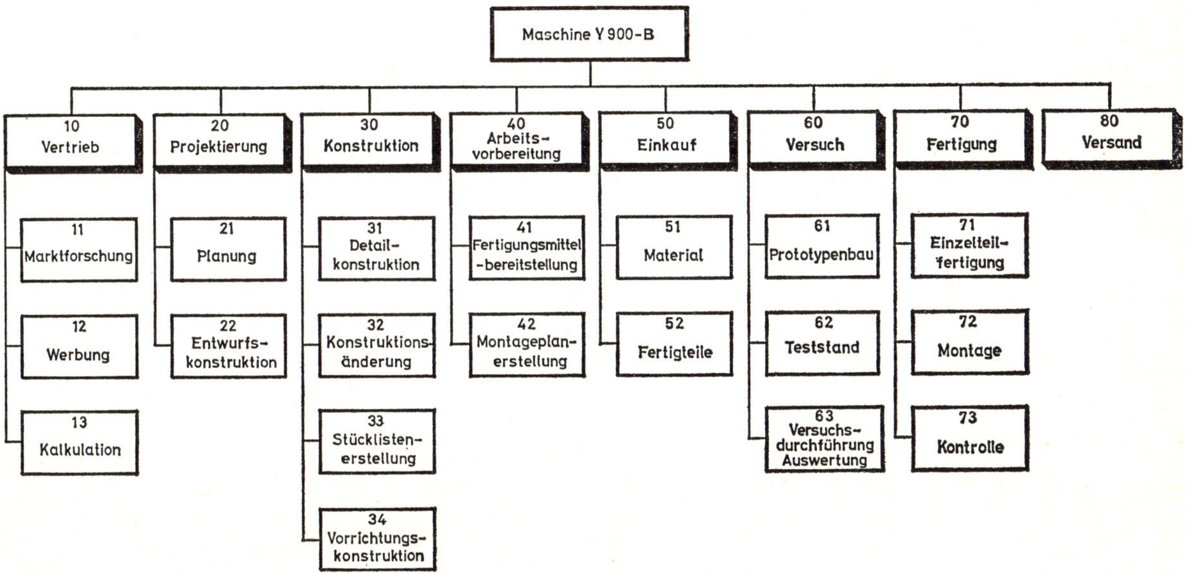

Abb. 3–7: Projektstrukturplan für das Beispiel »Industrie«

In unserem »Industrieprojekt« ist zum Beispiel aus dem Projektstrukturplan ersichtlich, daß für die Entwurfskonstruktion der neu zu entwickelnden Maschine die Projektabteilung und nicht das Konstruktionsbüro zuständig ist.

Aus den Teilaufgaben können die für die Durchführung des Projekts besonders wichtigen Ereignisse abgeleitet werden. Diese »Meilensteine« werden zu einer Berichterstattung über größere Projektabschnitte für die Faktoren Zeit und Kosten verwendet. Für jedes Arbeitspaket werden die Arbeiten bestimmt, die zur Erfüllung des in dem Arbeitspaket geforderten Zieles notwendig sind.

3.6 Zusammenfassung (2. Teil)

Der Projektstrukturplan dient also zur systematischen Erfassung aller Projektarbeiten, die durchgeführt werden müssen. Er verringert die Gefahr, daß in der Planung wichtige Arbeiten vergessen werden.

Während der Durchführungsphase eines Projektes kann der Projektstrukturplan als Kostenträger verwendet werden.

3.7 Numerierung des Projektstrukturplanes

Bei umfangreichen Projekten ist es durch die verbale Beschreibung der Teilaufgaben und Arbeitspakete nicht mehr möglich, die Zusammenhänge und Abhängigkeiten festzustellen, insbesondere dann nicht, wenn der Projekt-

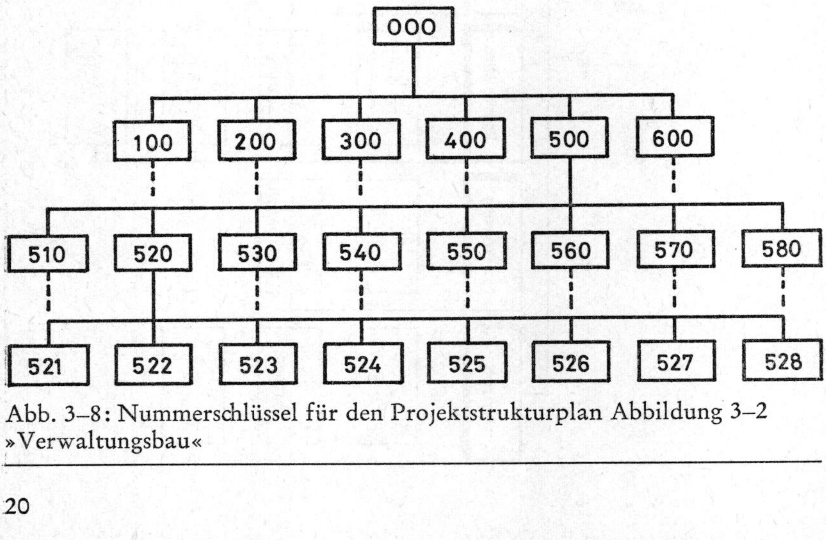

Abb. 3–8: Nummerschlüssel für den Projektstrukturplan Abbildung 3–2 »Verwaltungsbau«

strukturplan aus mehreren Seiten besteht. Ebenso muß für den Einsatz der Automatischen Datenverarbeitung eine Kennzeichnung der Verbindungen gefunden werden. Hier hilft uns nur ein *»Nummernschlüssel«*, der die Struktur des Liniensystems wiedergibt.

In Abb. 3–8 ist ein solcher Nummernschlüssel für den Projektstrukturplan des Verwaltungsbaus aus Abb. 3–2 gezeigt.

Jeder Teilaufgabe und jedem Arbeitspaket wird eine Nummer mit soviel Stellen zugeteilt, wie der Projektstrukturplan Ebenen hat. In unserem Beispiel sind es dreistellige Nummern.

Die oberste Ebene, in der das Projektziel aufgeführt wird, wird dabei nicht mitgerechnet. Dieser Hauptaufgabe wird meistens die von außen vorgegebene Nummer gegeben. (Z. B. Auftragsnummer, Werksnummer, Objektbezeichnung, Aktennummer.)

Auf der ersten Ebene des Projektstrukturplanes ist nur die vorderste Stelle jeder Nummer von Null verschieden. Bei der Zerlegung einer Teilaufgabe wiederholen sich deren von Null verschiedenen Ziffern an den ersten Stellen der Nummern der »Unter-Teilaufgaben«, die aus dieser Teilaufgabe gebildet wurden. Beginnt in unserem Beispiel eine Teilaufgabe mit »5«, dann weiß man, daß diese Teilaufgabe oder dieses Arbeitspaket zu den Technischen Anlagen des Verwaltungsbaus gehört; beginnt sie mit »54«, dann gehört sie zu der Teilaufgabe Heizung.

Rechts von einer Null darf bei der Numerierung eines Projektstrukturplanes keine von Null verschiedene Ziffer stehen. Die Ebene des Projektstrukturplanes, in der die Teilaufgabe vorkommt, ist gleich der Länge der von Null verschiedenen Ziffernfolge der Teilaufgabe.

In unserem Fall ist der Nummernschlüssel dekadisch aufgebaut. Aus diesem Grund kann man jede Teilaufgabe in höchstens neun Teilaufgaben zergliedern. Muß eine Teilaufgabe in der nächsten Ebene in mehr als neun Teilaufgaben zerlegt werden, dann ist eine Ebene auszulassen und der Nummernschlüssel der nächst niedrigen Ebene zu nehmen.

Man kann aber zur Kennzeichnung der Teilaufgaben auch einen alphanumerischen Schlüssel verwenden und hat dann pro Ebene einen größeren Nummernvorrat zur Verfügung. Eine Teilaufgabennummer kann dann z. B. lauten »3R4000DL«.

Aufgabe 1

Überlegen Sie folgende Fragen innerhalb Ihres eigenen Arbeitsgebietes:

1. organisatorische Beziehungen Ihrer Behörde, Dienststelle, Arbeitsbeziehungen zu anderen nebenrangigen Organisationen und zu höherrangigen Dienststellen.
2. Arbeitet Ihre Dienststelle selbständig? Ist sie stark weisungsgebend, stark anweisungsgebend?

3. Wie erhält Ihre Dienststelle die notwendigen Informationen (per Gesetz, per Verordnung, per Telefon usw.)?
4. Wie erhalten Sie persönlich Ihre arbeitsnotwendigen Informationen?
5. Wem gegenüber äußern Sie Verbesserungsvorschläge, z. B. für die Organisation oder für einen besseren Informationsfluß?

Nun versuchen Sie einmal, das Berichtswesen Ihrer Organisation zeichnerisch oder vorstellungsmäßig festzustellen.

Aufgabe 2

Versuchen Sie, eine genaue Definition für das einfache Projekt »Tapezieren eines Wohnraumes« zu geben.

Aufgabe 3

Versuchen Sie, einen funktionsorientierten Projektstrukturplan für das »Tapeten-Beispiel« zu entwerfen.

Fragen:

1. Wer hat bei der Vorbereitung welche Funktion?
2. Wer hat bei der Arbeit welche Funktion?
3. Wer verteilt die Funktionen?

Aufgabe 4

Versuchen Sie, einen objektorientierten Projektstrukturplan für das »Tapeten-Beispiel« aufzustellen.

Kapitel 4 Der Netzplan

Einführung

In dem Projektstrukturplan, den wir im vorhergehenden Kapitel ausführlich besprochen haben, wurden sämtliche zu einem Projekt gehörenden Aufgaben *vertikal* gegliedert und geordnet.

Im Netzplan, der das zentrale Instrument unserer hier vorgestellten Planungs- und Projektsteuerungstechnik ist, wird auch der zeitliche Ablauf, d. h. die Reihenfolge der einzelnen – im allgemeinen noch weiter als im Projektstrukturplan detaillierten – Projektarbeiten beschrieben.

4.1 Funktionen des Netzplanes

Ein Netzplan hat folgende Funktionen:

→ er bildet die Grundlage für die Berechnung der Dauer des Projektes, der frühest möglichen und der spätest erlaubten Zeitpunkte für Anfang und Ende der Projektarbeiten und zeigt deren zeitlichen Spielraum, die sogenannten *»Pufferzeiten«*.

→ er ist eine übersichtliche *graphische* Darstellung des Projektablaufes, aus der sich die Zusammenhänge zwischen den Projektarbeiten erkennen lassen und die kritischen klar identifiziert werden können. Dies bedeutet, daß der für das Projekt Verantwortliche stets darüber informiert ist, welche Arbeiten besonders überwacht werden *müssen* und welche in ihrer Durchführung verschoben werden *können.*

→ er kann die Basis für ein *Berichtssystem* bilden, das die Zusammenarbeit der verschiedenen beteiligten Stellen erleichtert und wirksam koordiniert.

→ er dient einer mit kleinem Aufwand durchführbaren Steuerung und Überwachung des *tatsächlichen Projektablaufes.* Durch periodische Abfragen können Abweichungen von den Plandaten schnell erfaßt und in ihren Auswirkungen auf den gesamten Projektverlauf *eindeutig* erkannt werden.

→ er dient der *Simulation* des Projektablaufes.
Durch das »Durchspielen« verschiedener Möglichkeiten kann die beste Alternative gefunden werden.

→er ist ein leicht zu handhabendes *Führungshilfsmittel*, das die Transparenz des Projektes erhöht und Teile von Entscheidungen auf eine *berechenbare* Grundlage stellt.

→er bildet die Basis für eine *projektbezogene Kosten- und Kapazitätsplanung.*

4.2 Vorgang

4.2.1 Die Vorgangssammelliste

Als letzten Schritt unserer ersten Planungsstufe, dem Aufstellen des Projektstrukturplanes, haben wir die Arbeitspakete in detaillierte Projektarbeiten aufgelöst.

Wir haben hierbei gesehen, daß sämtliche zur Erfüllung des Zieles notwendigen Arbeitsschritte aufgezählt werden müssen. Auch das Ziel selbst ist bereits im Arbeitspaket definiert. Diese Tätigkeiten bilden die grundlegenden »Bausteine« eines Netzplanes.

Nach DIN 69 900 werden diese Tätigkeiten als *»Vorgang«* bezeichnet und als Zeit erforderndes Geschehen mit definiertem Anfang und Ende erklärt.

Man beschreibt einen Vorgang zusätzlich durch seine Dauer, seinen Bedarf an Einsatzmitteln – wie Menschen, technische Anlagen, Material – und die dadurch entstehenden Kosten.

Weiterhin ist zu beachten, daß ein Vorgang von seinem Start bis zu seinem Ende *ohne Unterbrechung abgewickelt* werden muß.

Beispiel:
Betrachten wir unser Projekt *»Gewässerausbau«*, dann ist dort die »Überprüfung der Eigentumsverhältnisse« *ein Vorgang*, der zu dem Arbeitspaket »Rechtsfragen« gehört.

Um das in diesem Arbeitspaket festgelegte Ziel »Vermeidung von Prozessen und schnellere Bewilligung durch die Behörden« zu erreichen, müssen noch die Vorgänge »Entwicklung der rechtlichen Konzeption«, »Vorprüfung auf Verfahrensmängel und Vollständigkeit« und »Verhandlungen mit Bund, Ländern, Gemeinden, Kreis, Land und Beteiligten« durchgeführt werden.

4.3 Darstellung des Vorgangs (1. Teil)

Jeder Vorgang wird in einem *Rechteck* dargestellt, das die Bezeichnung des jeweiligen Vorgangs trägt.

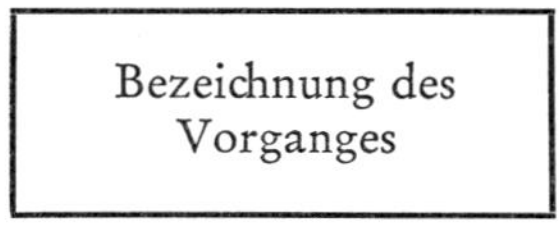

Der Vorgang ist der eigentliche »Informationsträger« des Netzplanes.

Doch werden wir auf die Erweiterung der graphischen Darstellung in den folgenden Abschnitten noch genauer eingehen. Zunächst genügt zum Verständnis dieser kurze Hinweis.

Neben dieser Möglichkeit der Darstellung von Vorgängen gibt es noch weitere Formen, die in Band II erläutert werden. Dabei wird dann auch gezeigt werden, daß die Unterschiede nur von theoretischem Interesse sind, und daß in allen Formen dieselbe Aussage steckt.

Nach Meinung der Autoren ist die hier dargestellte Netzplanform für die Praxis am besten geeignet. Dies wird auch durch die wachsende Zahl von Netzplansystemen in der »Vorgangs-Knoten-Technik« erhärtet, in der der einzelne Vorgang in einem Kästchen dargestellt wird.

Man schreibt diese Vorgänge am besten zunächst unter das Arbeitspaket (siehe Abb. 4–1)

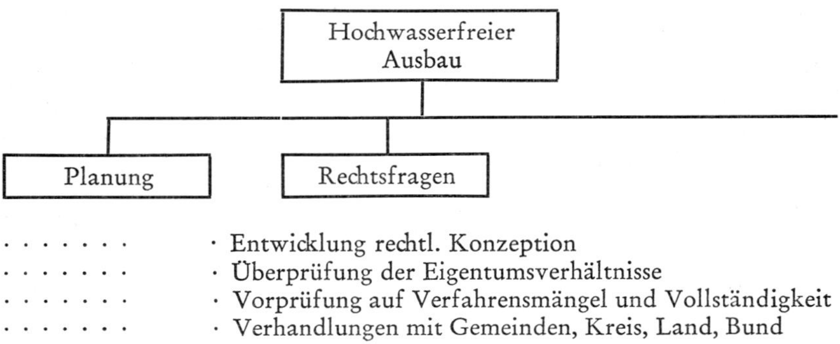

Abb. 4–1: Ausschnitt aus dem Projektstrukturplan *»Gewässerausbau«* mit den Vorgängen für das Arbeitspaket »Rechtsfragen«.

Sodann ordnet man diese Vorgänge in einer *Vorgangssammelliste.*

Beispiel:

Arbeitspaket		Vorgang	
Nummer	Bezeichnung	Nummer	Bezeichnung
2	Rechtsfragen	3	Entwicklung rechtl. Konzeption
. . .		6	Überprüfung d. Eigentumsverhältnisse
. . .		10	Vorprüfung
. . .		11	Verhandlungen

Abb. 4–2: Ausschnitt der Vorgangssammelliste für das Projekt *»Gewässerausbau«.*

4.3.1 Numerierung der Vorgänge

Jedem Vorgang muß *eine »Vorgangsnummer«* zugeordnet werden, wobei zwei Vorgänge eines Netzplanes nicht die gleiche Vorgangsnummer tragen dürfen.

Diese Nummern dienen zur Identifizierung des einzelnen Vorgangs.

Man kann die Numerierung nach verschiedenen Gesichtspunkten vornehmen; z. B. kann in dem Nummernschlüssel – der auch Buchstaben und Zeichen erhalten kann – die aufsichtsführende Behörde, die ausführende Firma oder die zu dem Vorgang gehörende Arbeitspaketnummer eingetragen werden.

Es hat sich aber in der Praxis erwiesen, daß es am günstigsten ist, die Vorgangsnummer *nur* zur Kennzeichnung der Vorgänge zu verwenden und die anderen notwendigen Angaben *getrennt* aufzuführen.

Man numeriert die Vorgänge durch, wobei keine Reihenfolge zu beachten ist, und die Nummernfolge auch nicht festgelegt und dicht sein muß.

Aus Verständnisgründen werden wir daher nur dieses einfache, aber sehr praktische Prinzip im Folgenden verwenden.

4.4 Anordnungsbeziehungen

In unserem Projekt *»Gewässerausbau«* können die technischen Untersuchungen (Vorgang 5) erst nach der Entwicklung der technischen Konzeption (Vorgang 2) durchgeführt werden.

Dies bedeutet also, daß diese beiden Vorgänge in einer bestimmten Reihenfolge durchgeführt werden müssen. Oder anders ausgedrückt: Die Vorgänge stehen in einer ganz bestimmten *»Verbindung«* zueinander.

Der Vorgang »Durchführung technischer Untersuchungen« kann also erst dann beginnen, wenn der Vorgang »Entwicklung technischer Konzeption« abgeschlossen ist.

Die »Abstimmung und der Behörden-Termin« kann erst dann stattfinden, wenn die Überprüfung durch das Wasserwirtschaftsamt (Vorgang 13), die unteren Wasserbehörden (Vorgang 14), das Landesstraßenbauamt (Vorgang 15) abgeschlossen sind, die Finanzierung gesichert ist (Vorgang 16 und 17), und die Behörden angehört wurden (Vorgang 12).

Es gibt also zwingende Gründe zeitlicher, rechtlicher, logischer, technologischer und kapazitätsmäßiger Art einen Vorgang erst dann beginnen zu lassen, wenn ein anderer oder mehrere Vorgänge abgeschlossen sind.

Diese Beziehungen zwischen Vorgängen werden *»Anordnungsbeziehungen«* (Abhängigkeiten, Verbindungen) genannt.

Im Netzplan werden sie durch Pfeile symbolisiert.

Beispiel:

Die netzplantechnische Darstellung unserer beiden obigen Beispiele wird in Abb. 4–3 gezeigt.

Begriff: Anordnungsbeziehung
Eine Anordnungsbeziehung ist eine Beziehung zwischen zwei Vorgängen.

Darstellung:
Wir müssen Abb. 4–3 so verstehen, daß von jedem der Vorgänge 12 bis 17 ein Pfeil zu Vorgang 18 führen sollte.

Aus Gründen der Übersichtlichkeit haben wir diese Pfeile zusammengefaßt, so daß nur *eine* Pfeilspitze auf den Vorgang 18 zeigt.

Genauer ausgedrückt ist der Pfeil eine Beziehung zwischen zwei Vorgangsereignissen. Denn, wie wir gesehen haben, muß Vorgang 2 abgeschlossen sein (Ereignis Ende Vorgang 2), bevor Vorgang 5 (Ereignis Anfang Vorgang 5) anlaufen kann.

Beispiel:

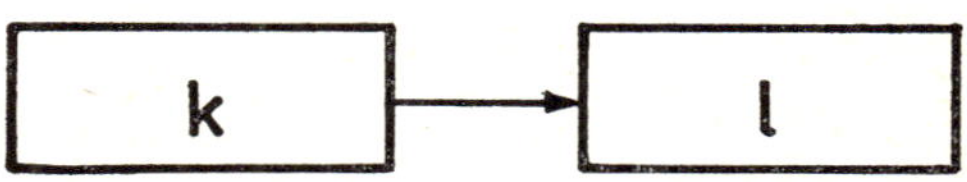

Das Ende von Vorgang »k« ist Bedingung für den Anfang des Vorgangs »l«.

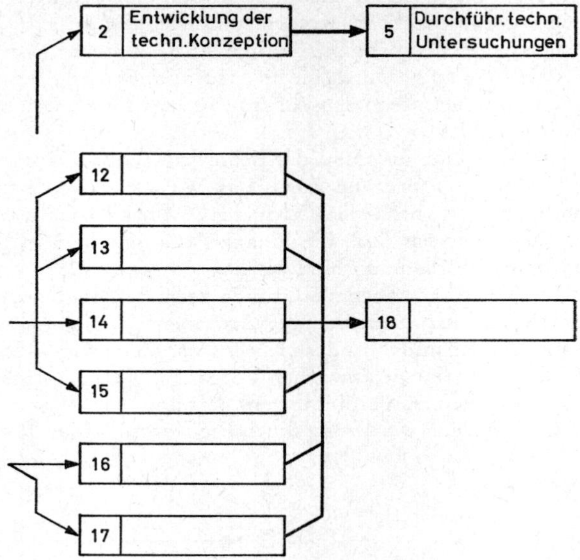

Abb. 4–3: Darstellung der Anordnungsbeziehungen im Netzplan

Aus diesem Grund bezeichnen wir Vorgang »k« als *»bedingenden Vorgang«* und Vorgang »l« als *»bedingten Vorgang«.*

Der Pfeil zeigt also stets von dem bedingenden auf den bedingten Vorgang.

Beispiel:
In unserem Projekt aus der *»Wehrtechnik«* schließt sich die Überarbeitung der Manuskripte (Vorgang 46) unmittelbar an die Manuskriptbesprechung (Vorgang 45) an.

Man bezeichnet den bedingenden Vorgang (z. B. Manuskriptbesprechung) auch als *»Vorgänger«* und den bedingten Vorgang (z. B. Überarbeitung der Manuskripte) als *»Nachfolger«.*

Wir haben uns jetzt genügend theoretisches Rüstzeug angeeignet, um die Struktur der in Kapitel 10 dargestellten Netzpläne zu verstehen.

Jedoch gibt es neben dieser *»Ende-Anfang-Beziehung«*, die nach der DIN-Norm als *»Normalfolge«* bezeichnet wird, auch noch die
→Anfang-Anfang-Beziehung (Anfangsfolge)
→Ende-Ende-Beziehung (Endfolge)
→Anfang-Ende-Beziehung (Sprungfolge).

Der an den vollständigen Grundlagen interessierte Leser sei auf Band II verwiesen, in dem diese Beziehungen erklärt werden. Für das weitere Verständnis des Folgenden ist jedoch dieses »Spezialwissen« nicht erforderlich.

4.5 Hilfsvorgang

Beispiel:
In unserem Beispiel *»Umzug einer Behörde«* arbeiten an dem Ministerbericht verschiedene Ressorts, die jeweils die Situationsberichte über Personal, Kosten und Gebäude erstellen und Lösungsvorschläge erarbeiten.

Diese Berichte können aber erst dann beginnen, wenn die vorbereitenden Arbeiten bereits abgeschlossen sind, da diese Berichte in den Ministerbericht mit einzuarbeiten sind. In ihrer Erstellung liegen sie in den zeitlichen Grenzen der Fertigung des Ministerberichts.

Zudem stehen sie mit *keinem* anderen Vorgang im Netzplan in Verbindung.

Dieser Typ von Vorgängen, die nicht unmittelbar in Verbindung zu anderen Vorgängen, außer dem Hauptvorgang, im Netzplan stehen, wird als *»Hilfsvorgang«* bezeichnet und folgendermaßen dargestellt:

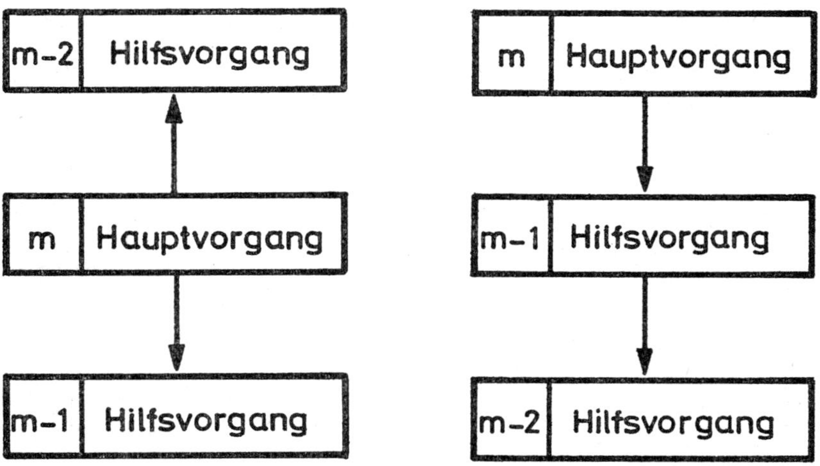

Abb. 4–4: Hilfsvorgänge, zwei verschiedene Möglichkeiten der Darstellung

Es soll noch darauf hingewiesen werden, daß ein Vorgang *beliebig viele* Hilfsvorgänge haben kann.

4.6 Abstände

Betrachten wir in unserem Beispiel *»Gewässerausbau«* den Vorgang 22, der die Mitteilung an die Betroffenen zum Inhalt hat und in zwei Wochen erledigt werden kann.

Bevor man aber mit der Prüfung der Bedenken und Anregungen beginnen kann, müssen die Betroffenen eine gewisse Frist erhalten, in der sie den Sachverhalt überprüfen und dazu Stellung nehmen können.

Rechnet man mit ca. 6 Wochen bis genügend Anregungen und Bedenken eingegangen sind, um mit der Prüfung beginnen zu können, dann kann man dies im Netzplan folgendermaßen darstellen:

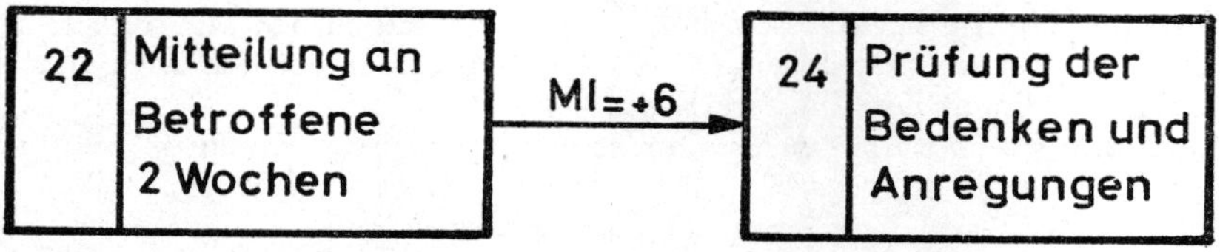

Abb. 4–5.1: Minimalabstand, positiv, im Netzplan dargestellt

Stellen wir nunmehr den Ablauf über der Zeitachse dar, dann wird der Sachverhalt unmittelbar verdeutlicht.

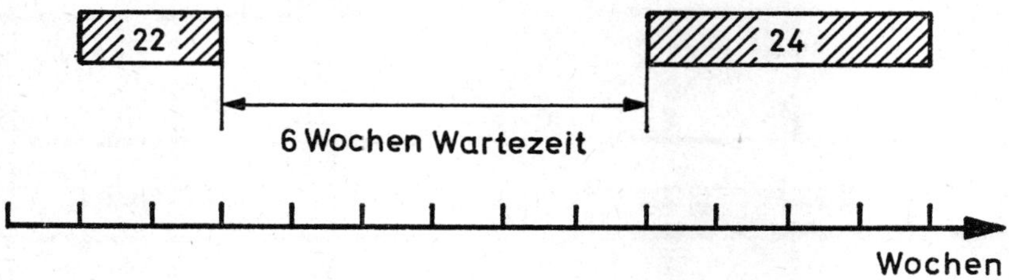

Abb. 4–5.2: Minimalabstand, positiv, auf Zeitachse dargestellt

Wie wir sahen, kann der Vorgang 24 frühestens (ohne Berücksichtigung von Vorgang 23) sechs Wochen nach dem Ende von Vorgang 22 anlaufen. Er kann sogar noch später beginnen, falls dies durch eine weitere Anordnungsbeziehung erforderlich wird.

Diese Wartezeit bezeichnet man als *»Minimalabstand«* und stellt sie *auf* dem Pfeil als *»MI«* mit der Zeitangabe dar.

Minimalabstände definieren also einen Abstand zwischen zwei Vorgängen, der zumindest eingehalten werden muß, aber auch überschritten werden kann.

Bleiben wir bei unserem Beispiel: In der Veröffentlichung wird eine Einspruchsfrist von 7 Wochen festgelegt.

Dies bedeutet, daß nur die Bedenken und Anregungen berücksichtigt werden können, die spätestens 7 Wochen nach dem Veröffentlichungstermin, den wir als Ende von Vorgang 23 definieren, eingehen.

Dieser Zusammenhang ist in Abb. 4–6 im Netzplan und über die Zeitachse dargestellt.

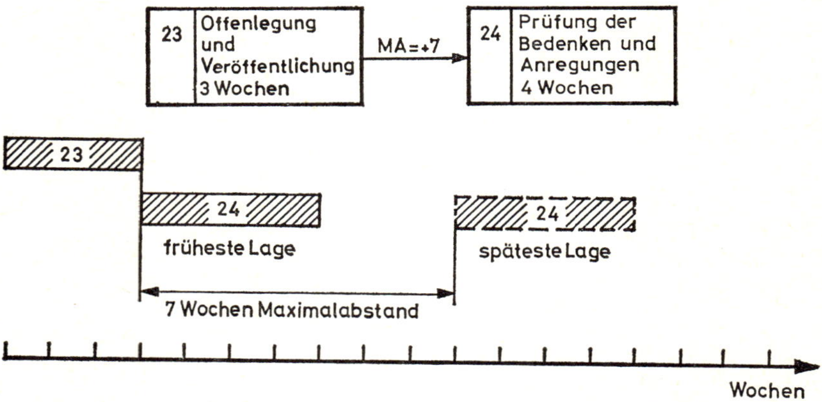

Abb. 4–6: Maximalabstand, positiv, im Netzplan und auf Zeitachse dargestellt

Der Vorgang 24 kann also (ohne Berücksichtigung von Vorgang 22) frühestens nach dem Ende von Vorgang 23 beginnen, muß aber spätestens 7 Wochen nach dem Ende von Vorgang 23 anlaufen.

Besonders zu beachten ist, daß das Wort »muß« sich darauf bezieht, daß das Projekt in seiner kürzest möglichen Zeit durchgeführt wird.

Den oben gezeigten Abstand bezeichnet man als *»Maximalabstand«* und er wird wie der Minimalabstand auf dem Pfeil als *»MA«* mit einer dazugehörenden Zeitangabe dargestellt.

Maximalabstände definieren also einen Abstand, der nicht überschritten werden darf.

Wenn wir jetzt die drei bisher betrachteten Vorgänge 22, 23 und 24 im Zusammenhang sehen und analoge Überlegungen in Bezug auf Maximal- und Minimalabstände für jeden der Vorgänge anstellen, können wir folgenden Sachverhalt im Netzplan darstellen:

Beispiel:
Nach dem Aufstellen der Planfeststellungsbescheide wird die geplante Verlegung der »xxx« von Position »xy« bis zur Position »yy« den Betroffenen mitgeteilt und veröffentlicht.

Man rechnet damit, daß von den Betroffenen in 6 Wochen und nach der Veröffentlichung in 5 Wochen ein großer Teil der Bedenken und Anregungen eingegangen ist, so daß mit der Prüfung begonnen werden kann.

Als Einspruchsfrist wurde in beiden Fällen 8 bzw. 7 Wochen festgelegt.

In Abb. 4–7 ist der Sachverhalt im Netzplan und über die Zeitachse dargestellt.

In unserem Beispiel kann also der Anfang von Vorgang 24 in dem gekennzeichneten Intervall von 2 Wochen liegen. Es hat sich bei Berücksichtigung beider Vorgänger und der Abstände das gleiche Intervall ergeben.

Wie wir vorgehen, wenn dies nicht zutrifft, werden wir im folgenden Kapitel behandeln.

Jedoch haben wir aus unserem Beispiel gelernt, daß zwischen zwei Vorgängen gleichzeitig Minimal- und Maximalabstand angegeben werden können. Dabei muß nur die Bedingung

MA $\geqq$ MI (Lesen Sie: MA größer, wenigstens gleich MI)

eingehalten werden, denn der Maximalabstand *muß* größer *oder* höchstens gleich dem Minimalabstand sein, wie sich der Leser selbst leicht klarmachen kann.

Bisher haben wir nur »positive« Abstände betrachtet.

Weitaus öfters tritt aber der Fall ein, daß sich Vorgänge überlappen, d. h. ein Vorgang muß nur zu einem gewissen Teil abgeschlossen sein, damit der nächstfolgende Vorgang beginnen kann.

Beispiel:

Dazu ein Fall aus dem Projekt *»Umzug einer Behörde«*.

Der Ministerbericht (Vorgang 16) muß auch einen Abschnitt über die Personalsituation enthalten.

Um diesen Abschnitt verfassen zu können, muß das neu anzuwerbende oder neu umzusetzende Personal noch nicht vollzählig eingestellt sein, sondern es genügt zu wissen, ob genügend Personal auf die Werbung anspricht oder von anderen Behörden abgeordnet werden kann.

Diese Fragen sollten 8 Wochen nach Anlaufen der Werbung bekannt sein und eine Lösung ersehen lassen.

Während der Erstellung des Ministerberichtes können dann die Personalverträge formuliert, und, soweit möglich, schon abgeschlossen werden.

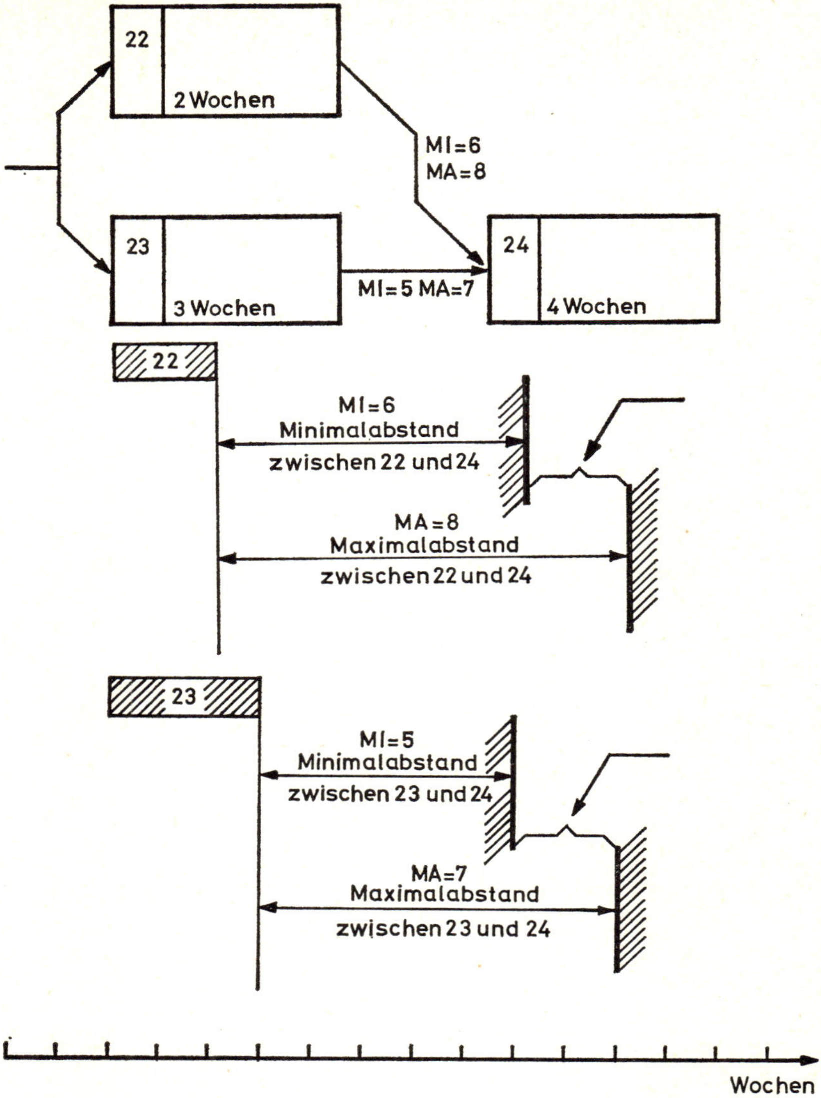

Abb. 4–7: Minimal- und Maximalabstand, zusammen, im Netzplan und auf Zeitachse dargestellt.

In Abb. 4–8 ist dieser Sachverhalt im Netzplan und über der Zeitachse dargestellt, wobei nur diese beiden Vorgänge betrachtet werden sollen, die wir oben vorgeführt haben.

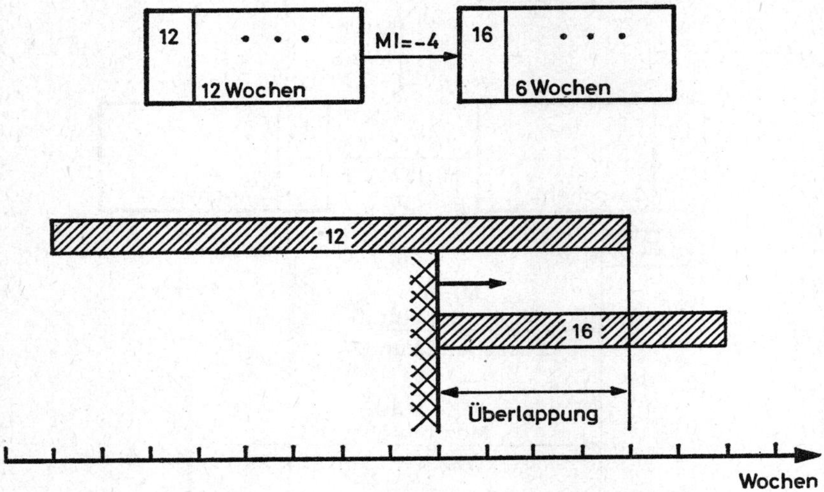

Abb. 4–8: Minimalabstand, negativ, im Netzplan und auf Zeitachse dargestellt.

Ein negativer Minimalabstand drückt also die Möglichkeit aus, daß sich zwei Vorgänge überlappen können und zwar höchstens um den angegebenen Abstand, aber auch um weniger.

Theoretisch kann man auch einen negativen Maximalabstand definieren, der ausdrückt, daß sich zwei Vorgänge um den angegebenen Abstand überlappen *müssen*, aber sich auch noch weiter überlappen *können.*

Dieser Fall findet sich aber in der praktischen Anwendung sehr selten und soll daher nicht weiter verfolgt werden.

Es sei noch darauf hingewiesen, daß in *Abb. 4–9* in einer Tabelle und in Abb. 4–10 die zeitliche Lage *sämtlicher Abstandsbeziehungen zusammenfassend* dargestellt sind.

Merke:

→Ist einer Anordnungsbeziehung *kein Mini*malabstand zugeordnet, dann ist MI (i, j) = ○

→Ist einer Anordnungsbeziehung *kein Maxi*malabstand zugeordnet, dann ist MA (i, j) = ∞

Abstand / Vorzeichen	Minimalabstand MI=(i,j)	Maximalabstand MA=(i,j)
positiv	Mindest Wartezeit	Maximale Wartezeit
negativ	Maximale Vorziehzeit	Mindest Vorziehzeit

Abb. 4–9: Tabelle für sämtliche vier Abstandsbeziehungen

4.7 Darstellung des Vorganges (2. Teil)

Die Darstellung in Abb. 4–11 ist an das »PPS-System« (Projekt-Planungs- und Steuerungs-System) angelehnt und kann natürlich bei Bedarf geändert werden.

Anmerkung: Auf die mit »...« in Abb. 4–11 gekennzeichneten Angaben wird in den folgenden Kapiteln noch genauer eingegangen.

4.8 Konstruktionsregeln

Um einen Netzplan aufstellen zu können, bieten sich *zwei* systematische Wege an.

Erster Weg:

Man beginnt beim Projektanfang und überlegt sich zu jedem Vorgang sämtliche Nachfolger,

oder

Zweiter Weg:

Man beginnt beim Projektende und ermittelt zu jedem Vorgang sämtliche Vorgänger.

Dies heißt, daß man sich überlegen muß, welche Vorgänge abgeschlossen sein müssen, um mit dem betrachteten Vorgang beginnen zu können.

Welchen Weg der Bearbeiter einschlagen soll, liegt ganz im Ermessen des Einzelnen.

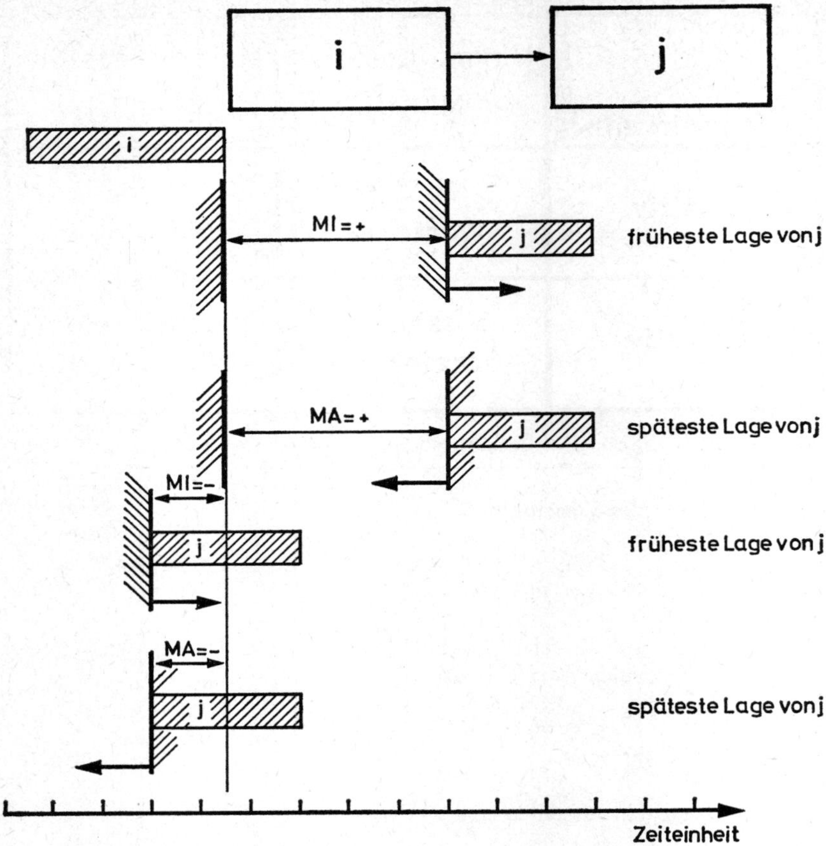

Abb. 4–10: Darstellung aller vier Abstandsbeziehungen auf Zeitachse

Abb. 4–10: Darstellung der vier Abstandsbeziehungen auf Zeitachse.
Beachten Sie bitte hierbei: Die Schraffierungen zeigen die extreme Lage von »j«, und das »verbotene« Gebiet.

Der Pfeil zeigt die Richtung, in der »j« noch verschoben werden kann.

Doch ist es jetzt an der Zeit, dem Leser einen genauen Katalog von Regeln an die Hand zu geben, zumal diese »Gedanken-Checkliste« für das Nachfolgende von großer Wichtigkeit sein wird.
Bitte, überdenken Sie jede Regel und versuchen Sie dabei alles auf eine graphische Darstellung zu übertragen.

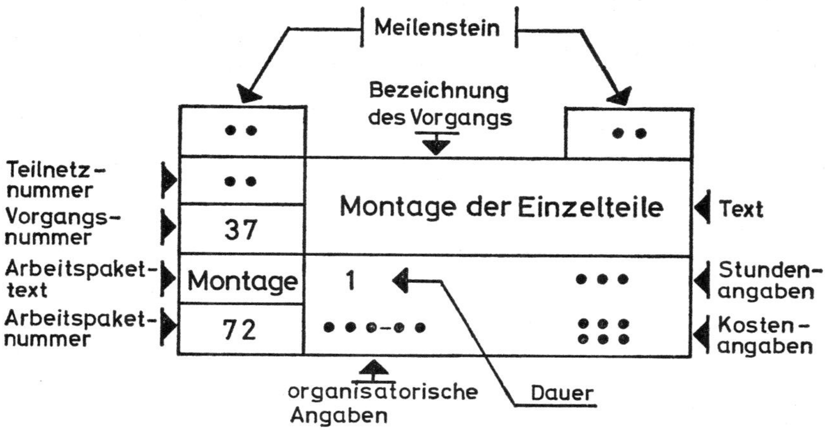

Abb. 4–11: Darstellung des Vorgangs als Knoten (Kästchen)

Regelkatalog

Regel 1: Anfangs- und Endvorgänge
Es dürfen beliebig viele Anfangs- und Endvorgänge verwendet werden.
Beachte: Manche Systeme verlangen nur *einen* Anfangs- und Endvorgang.
Dies kann erreicht werden, indem sämtliche Anfangsvorgänge (Endvorgänge) von einem fiktiven Anfangsvorgang bedingt werden (einen fiktiven Endvorgang bedingen).
Merke: Zu einem Anfangsvorgang führen *keine* Verbindungen hin; von einem Endvorgang gehen *keine* Verbindungen aus.

Regel 2: Anordnungsbeziehung
Die Ende-Anfang-Beziehung ist als Grundelement zu verwenden.
Merke: Nichtbeachtung dieser Regel verpflichtet zum Studium von Band II.

Regel 3: Überlappung und Wartezeit
Abstandsbeziehungen können durch Bewertung der Verbindung eingebracht werden.
Merke: Sie sind aber so sparsam wie nur möglich zu verwenden, insbesondere der Maximalabstand.

Regel 4: Zusammenfügen mehrerer Vorgänge
Müssen mehrere Vorgänge beendet sein, bevor ein weiterer Vorgang beginnen kann, so enden alle Pfeile, die zu den Vorgängen gehören, in diesem Vorgang, (genauer ausgedrückt: bedingen das Anfangsereignis des Vorgangs.)

Regel 5: Ausgehen mehrerer Vorgänge von einem Vorgang
Können mehrere Vorgänge erst beginnen, wenn ein vorausgehender Vorgang beendet ist, so beginnen alle Pfeile im Endereignis (dies ist das hintere Ende des Kästchens) des bedingenden Vorgängers.

Regel 6: Herstellen des richtigen logischen Ablaufes
Anordnungsbeziehungen, die graphisch als Pfeile dargestellt werden, dürfen nur zwischen Kästchen gezogen werden, zwischen denen ein funktionaler Zusammenhang besteht, der von zeitlicher, rechtlicher, technologischer, kapazitätsmäßiger und logischer Art sein kann.
Merke: Es ist bei jedem Pfeil zu überlegen, ob er wirklich notwendig ist, denn es gilt die Devise: »Weniger ist mehr!«

Regel 7: Übersichtliche Gestaltung des Netzplanes
In der graphischen Darstellung sind die Kästchen so zu placieren, daß eine übersichtliche Darstellung möglich ist.
Merke: Dabei sollen sich möglichst wenig Pfeile überschneiden.

Regel 8: Verbot von Schleifen
Ein Netzplan darf keine Schlaufen, Zyklen oder Schleifen (loops) besitzen.
Beachte aber: Eine Ausnahme bildet das »MPM«-Netzplansystem. Zur näheren Erläuterung ist die angegebene Literatur zu »MPM« heranzuziehen.

Regel 9: Wiederhol-Vorgänge
Wiederkehrende Arbeiten müssen stets als Vorgang *neu* definiert werden, d. h. neu bezeichnet und mit neuer Nummer versehen werden.

Regel 10: Maximal-Abstände
Wird ein Maximalabstand benutzt, dann sind besondere Kontrollen zur Vermeidung von Widersprüchen erforderlich.

Aufgabe 1
Stellen Sie für das Beispiel »Tapezieren eines Wohnzimmers« eine Vorgangssammelliste auf.

Aufgabe 2
Stellen Sie für ein Beispiel »Radwechsel bei einem PKW« eine Vorgangssammelliste auf.

Aufgabe 3
Stellen Sie für das Beispiel »Tapezieren eines Wohnzimmers« einen Netzplan auf.

Aufgabe 4
Stellen Sie für das Beispiel »Radwechsel bei einem PKW« einen Netzplan auf, wobei Sie davon ausgehen können, daß der Radwechsel nach einer Panne von insgesamt 3 Personen ausgeführt wird.

Aufgabe 5
In der Musterlösung von Aufgabe 3 kann ein Vorgang durch eine Abstandsbeziehung ersetzt werden. Welcher Vorgang und wie lautet die Abstandsbeziehung?

Kapitel 5 Zeitplanung

Einführung

Nach Abschluß der Strukturanalyse des Projekts hat sich ein Modell für den Ablauf mit den zugehörigen Beziehungen zwischen den Vorgängen ergeben.

Damit ist für den Erfolg der Planung und auch für das Gelingen des Projektes ein wesentlicher Schritt getan, denn die Verantwortlichen und Entscheidungsträger sind durch die vorgeschriebene Systematik des Vorgehens gezwungen, den Ablauf logisch zu erkennen, vorauszusehen und – dies soll das Ziel des nächsten Kapitels sein – auch zu berechnen.

Diese Berechnung ist bei allen Projekten wünschenswert, da von der reinen Netzplanung her zwischen

technischen Projekten

z. B.: Entwicklung eines neuen Plastik-Daches für Winterbauten; oder Entwicklung eines neuen Auto-Typs usw. und

verwaltungsorientierten Vorhaben

z. B.: Vorbereitung von Wahlen innerhalb der Parteizentrale; Auswahl der Journalisten, Miete von Sälen, Legung von Telefonleitungen in Wahlkampforten usw.

oder

Vorbereitung eines Umlaufzettels für sämtliche Ressorts (Datenblatt) zur Erkennung des nötigen Personal- oder Finanzbedarfs für Zukunftaufgaben usw. kein grundsätzlicher Unterschied besteht.

Wenn auch die immer wieder auftretenden Änderungen zu einer Fluktuation der Planung führen, die für Netzpläne charakteristisch ist, so bleibt doch der Erfolg, daß die Tätigkeiten in ihrem Ablauf (Kapitel 4), in der Zeit (Kapitel 5), in den Kosten (Kapitel 6) und den Kapazitäten (Kapitel 7) wirklich geplant werden und damit die Differenz zwischen Planung und wirklichem Ablauf kleiner wird, als bei sonst üblichen Planungsverfahren. Durch die Auswertungen werden wertvolle Führungsentscheidungen ermöglicht, die auf Grund der übersichtlichen Form besser, schneller und wirksamer getroffen werden können.

Durch die Zeitplanung werden für die Projektverantwortlichen folgende Informationen errechnet:

→Ermittlung der kürzesten Projektdauer,
→Berechnung der frühestmöglichen Anfangszeitpunkte (-termine) und Endzeitpunkte (-termine) der einzelnen Vorgänge,
→Berechnung der spätesterlaubten Anfangszeitpunkte (-termine) und Endzeitpunkte (-termine) der einzelnen Vorgänge,
→Ermittlung von Zeitreserven, die für die einzelnen Vorgänge verfügbar sind,
→Bestimmung von kritischen Vorgängen, auf die der Leiter des Projektes besonders achten muß.

5.1 Vorgangsdauer

Für jeden Vorgang des Netzplanes muß die Dauer geschätzt werden, die er für seine Durchführung benötigt. Auf die damit verbundene Problematik wollen wir erst in Kapitel 9 bei der Anwendung der Netzplantechnik eingehen. Die Vorgangsdauer wird in Planungseinheiten angegeben, d. h. in Minuten, Stunden Tagen, Wochen, Monaten oder Jahren. Wichtig ist dabei, daß innerhalb eines Netzplanes nur *eine* Zeiteinheit verwendet werden kann. Welche Zeiteinheit soll nun für den Netzplan gewählt werden?

Es gibt Netzpläne, für die eine Zeiteinheit von Minuten gewählt wird. Wir finden Beispiele dafür bei der Planung der Ausnutzung von Computern, des Katastropheneinsatzes von Polizei und Feuerwehr, der Abwicklung des Schalterverkehrs in Banken. Langfristige Finanzpläne haben dagegen Zeiteinheiten von einem halben oder sogar von einem ganzen Jahr.

Es gilt eine Faustregel, die besagt, daß Zeiteinheiten zwischen 2 Promille und 2 Prozent der vermutlichen Projektdauer gewählt werden sollen, also Wochen auf Jahr. In unseren Beispielen wählen wir stets als Zeiteinheit die Arbeitswoche mit fünf Arbeitstagen. Durch die Verwendung von zehntel Wochen können wir Schätzungen bis zu einem halben Arbeitstag angeben, z. B. bedeutet eine Zeitangabe »5,6«, daß der Vorgang in fünf Wochen und drei Tagen durchgeführt werden kann. Es ist bei der Wahl der Zeiteinheit darauf zu achten, daß nicht durch zu kleine Zeiteinheiten eine nie zu erreichende Genauigkeit vorgespiegelt wird oder durch zu große Zeiteinheiten zu starke Vergröberungen hervorgerufen werden.

5.2 Vorwärtsrechnung

Bei der Vorwärtsrechnung wird ermittelt, wann jeder Vorgang frühestens beginnen darf und wann er frühestens beendet sein kann. Den Anfangsvorgängen wird der Anfangszeitpunkt Null zugeordnet. Für alle anderen Vorgänge wird der kleinstmögliche Abstand zum Projektanfang errechnet. Die Ermittlung dieser *frühesten Anfangszeitpunkte* (FAZ) und *frühesten Endzeitpunkte* (FEZ) wollen wir uns zunächst an einem kleinen Netzplan aus vier Vorgängen klarmachen (s. Abb. 5–1)

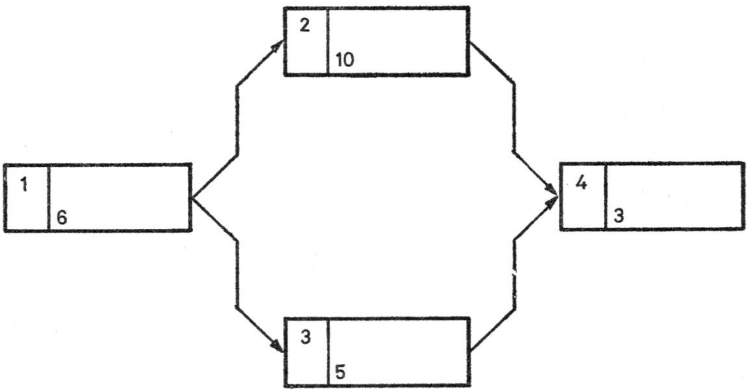

Abb. 5–1: Zeitrechnung – Beispiel

Dazu gehen wir schrittweise vor.

Schritt 1: Zuordnung des Starttermins Null zu Vorgang 1

Schritt 2: Vorgang 1 dauert 6 Zeiteinheiten und endet damit zum Zeitpunkt 6

Schritt 3: Vorgang 2 und Vorgang 3 können sofort nach Ende von Vorgang 1 beginnen. Sie beginnen also bei dem Zeitpunkt 6 und enden entsprechend ihrer Dauer bei 16 bzw. bei 11

Schritt 4: Der letzte Vorgang dieses Netzplanes kann frühestens dann beginnen, wenn beide Vorgänger abgeschlossen sind, denn er benötigt zu seiner Durchführung die Arbeitsergebnisse von Vorgang 2 und von Vorgang 3. Sein frühester Anfangszeitpunkt ist also 16. Er endet zum Zeitpunkt 19

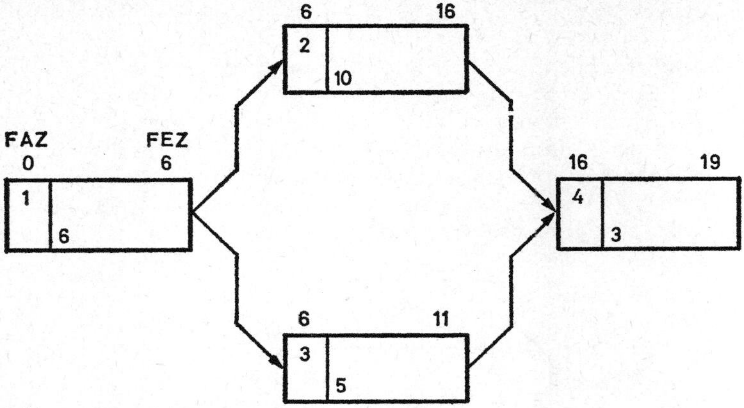

Abb. 5–2: Ergebnisse der Vorwärtsrechnung

Die Ergebnisse unserer Rechnung sind in Abb. 5–2 eingetragen. Dabei wurden die frühesten Anfangszeitpunkte links über dem Kästchen und die frühesten Endzeitpunkte rechts über dem Kästchen eingetragen.

Nach Abschluß der Vorwärtsrechnung wissen wir also, wie lange unser Projekt dauert und das frühest mögliche Projektende. Ebenso sind die frühestmöglichen Anfangs- und Endzeitpunkte der Vorgänge bekannt.

5.3 Rückwärtsrechung

An die Vorwärtsrechnung schließt die Rückwärtsrechnung an, die darüber Aufschluß gibt, wann die Vorgänge spätestens durchgeführt werden müssen, um das eben ermittelte Projektende nicht zu gefährden. Die Rückwärtsrechnung beginnt beim Projektende, wobei davon ausgegangen wird, daß der in der Vorwärtsrechnung ermittelte früheste Endzeitpunkt des Endvorganges (bei mehreren Endvorgängen wird als Projektdauer der früheste Endzeitpunkt des Vorganges genommen, der die zeitlich späteste Lage hat), d. h. die kürzest mögliche Projektdauer, eingehalten wird.

Wir wollen wieder unseren kleinen Netzplan aus Abb. 5–1 nehmen und daran das schrittweise Vorgehen erklären.

Schritt 1: Der letzte Vorgang 4 endet frühestens und damit auch spätestens zum Zeitpunkt 19

Schritt 2: Vorgang 4 dauert 3 Zeiteinheiten und muß daher spätestens zum Zeitpunkt 16 beginnen.

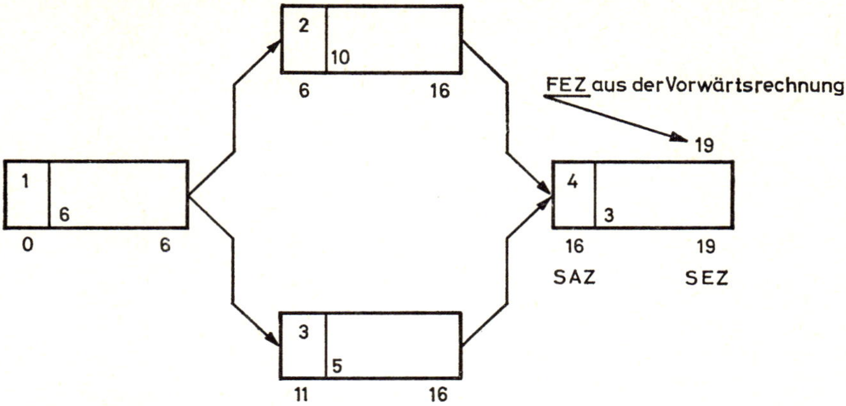

Abb. 5–3: Ergebnisse der Rückwärtsrechnung

Schritt 3: Vorgang 4 darf nicht vor Abschluß der Vorgänge 3 und 2 beendet sein, also müssen Vorgänge 3 und 2 spätestens zum Zeitpunkt 16 beendet sein.

Schritt 4: Da der Vorgang 2 die Dauer 10 hat, muß er spätestens zum Zeitpunkt 6 beginnen.

Schritt 5: Da der Vorgang 3 die Dauer 5 hat, muß er spätestens zum Zeitpunkt 9 beginnen.

Schritt 6: Vorgang 1 muß spätestens vor dem spätesten Anfang von Vorgang 2 – Zeitpunkt 6 – und von Vorgang 3 – Zeitpunkt 11 – beendet sein. Da er abgeschlossen sein muß, bevor einer seiner Nachfolger beginnen kann, wird der kleinere der beiden Zeitpunkte berücksichtigt: spätester Endzeitpunkt von 1 ist also 6.

Schritt 7: Vorgang 1 dauert 6 Zeiteinheiten und beginnt also spätestens beim Zeitpunkt 0.

Die Ergebnisse dieser Rechnung sind in Abb. 5–3 unter den Kästchen – links für den spätesten Anfangszeitpunkt und rechts für den spätesten Endzeitpunkt – eingetragen.

Nach Abschluß der Rückwärtsrechnung kennt man für jeden Vorgang den *spätesten Anfangszeitpunkt* (SAZ) und den *spätesten Endzeitpunkt* (SEZ), d. h. wir wissen, wann jeder Vorgang spätestens anfangen kann und wann er spätestens beendet sein muß, um das Projektende nicht zu gefährden.

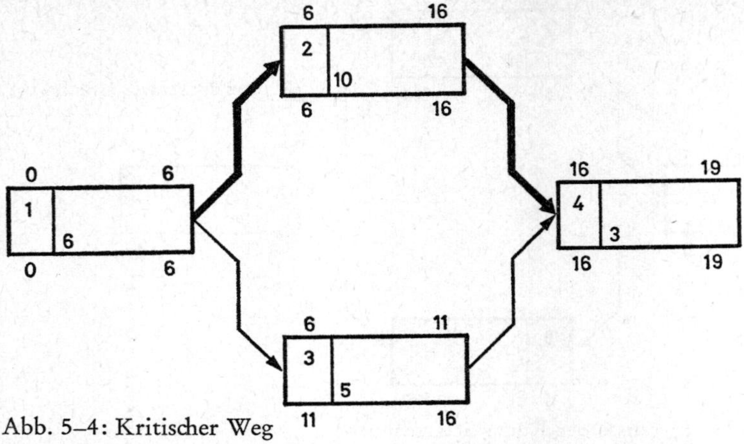

Abb. 5–4: Kritischer Weg

5.4 Pufferzeiten

Fassen wir die Ergebnisse unserer Vor- und Rückwärtsrechnung in einer Zeichnung zusammen (s. Abb. 5–4), dann stellen wir fest, daß bei verschiedenen Vorgängen die frühesten und spätesten Anfangs- bzw. Endzeitpunkte zusammenfallen.

Diese Vorgänge werden als *kritisch* bezeichnet, denn von ihrer durch die Rechnung bekannten zeitlichen Folge hängt die zeitgerechte Durchführung des Projektes ab. Kritische Vorgänge bilden im allgemeinen eine Vorgangsfolge, den *kritischen Weg,* der in Abb. 5–4 verstärkt eingezeichnet ist.

Dauert auch nur ein Vorgang auf dem kritischen Weg länger als vorgesehen, dann wird das Projektende hinausgeschoben. Anders sieht es dagegen bei Vorgang 3 aus. Dieser Vorgang hat einen zeitlichen Spielraum, die sog. *Pufferzeit,* innerhalb dessen er verschoben werden oder länger in seiner Durchführung dauern kann, ohne daß der Endtermin des Projektes hinausgeschoben wird. In unserem Beispiel beträgt die Pufferzeit 5 Zeiteinheiten. Wir ersehen aus dem Netzplan außerdem, daß sämtliche kritischen Vorgänge die Pufferzeit Null haben.

Formeln zur Zeitrechnung

Nachdem wir uns an einem Beispiel die Begriffe der Zeitrechnung klargemacht haben, wollen wir im folgenden Abschnitt die Berechnung von Netzplänen formelmäßig fassen, damit wir die Zeitrechnung für alle auftretenden Netzpläne durchführen können. Die Formeln sind so einfach, daß auch der mathematisch nicht ausgebildete Leser sie leicht verstehen und anwenden kann.

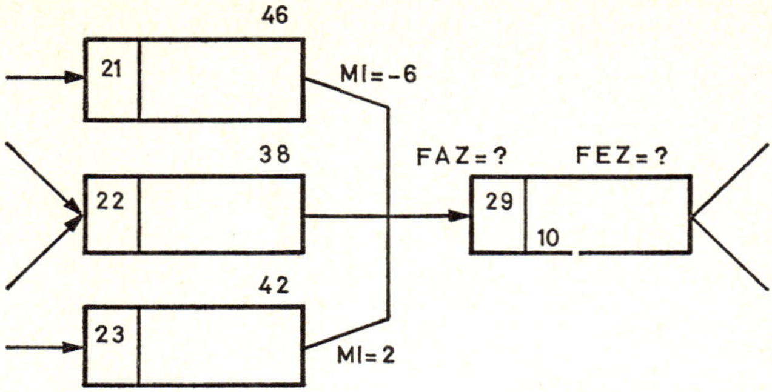

Abb. 5–5: Ausschnitt aus einem Netzplan – Vorwärtsrechnung

Rufen wir uns einmal ins Gedächtnis zurück, daß die Zeitrechnung rekursiv verlaufen ist, d. h. ein Rechenschritt betrifft nur jeweils einen Vorgang und seine unmittelbaren Vorgänger oder Nachfolger. Daher können wir die Formeln aus Ausschnitten von Netzplänen herleiten. Wir werden die Formeln zunächst ohne Maximalabstand behandeln, denn dieser Abstand soll ja nach Regel 3 so selten wie möglich benutzt werden und kompliziert die Rechnung unnötig. In einem gesonderten Abschnitt werden wir uns noch an einem Beispiel überlegen, wie man den Maximalabstand in die Rechnung einbezieht.

5.5 Formeln

5.5.1 Formeln für die Vorwärtsrechnung

Wir wollen für unseren betrachteten Ausschnitt aus einem Netzplan in Abb.5–5 den frühesten Anfangszeitpunkt (FAZ [29]) des Vorganges 29 berechnen. Dazu müssen zunächst die frühesten Endzeitpunkte seiner sämtlichen Vorgänger (FEZ [21], FEZ [22], FEZ [23]) berechnet worden sein. Wir werden auch hier wieder schrittweise vorgehen und uns zunächst überlegen, welcher früheste Anfangszeitpunkt von 29 (FAZ [29]) sich ergeben würde, falls nur die jeweils betrachtete Verbindung existieren würde und werden im letzten Schritt alle Vorgänger berücksichtigen.

Schritt 1: 21/29
Vorgang 29 kann schon beginnen, falls Vorgang 21 bis zu sechs Zeiteinheiten vor seinem Ende bearbeitet worden ist.
(MI (21,29) = –6)

$$\begin{array}{lcl} \text{FEZ}\,(21) + \text{MI}\,(21;29) & = & \text{FAZ'}\,(29) \\ 46 \quad + (-6) & = & 40 \end{array}$$

Schritt 2: 22/29
Die Leistung von Vorgang 22 ist frühestens zum Zeitpunkt 38 erbracht. Gleichzeitig erinnern wir uns noch an Kapitel 4, in dem wir ausführten, daß der Minimalabstand gleich Null ist, falls er auf einer Verbindung nicht definiert wird,

$$\begin{array}{lcl} \text{FEZ}\,(22) + \text{MI}\,(22;29) & = & \text{FAZ'}\,(29) \\ 38 \quad + 0 & = & 38 \end{array}$$

Schritt 3: 23/29
Nach dem Abschluß von 23 muß noch 2 Zeiteinheiten gewartet werden, bevor mit dem Vorgang 29 begonnen werden kann.

$$\begin{array}{lcl} \text{FEZ}\,(23) + \text{MI}\,(23;29) & = & \text{FAZ'}\,(29) \\ 42 \quad + 2 & = & 44 \end{array}$$

Schritt 4: (21;22;23) /29
Die Arbeiten zu Vorgang 29 können erst dann beginnen, falls 21, 22, 23 abgeschlossen (bzw. bei Überlappungen bis zu einem genau definierten Grad) und alle Wartezeiten erfüllt sind. Dies bedeutet, daß Vorgang 29 auf den größten Endzeitwert aller seiner Vorgänger warten muß; in unserem Fall Vorgang 23 mit Wartezeit.

$$\text{FAZ}\,(29) = \text{Max}\left[\begin{array}{l} \text{FEZ}\,(21) + \text{MI}\,(21;29) \\ \text{FEZ}\,(22) + \text{MI}\,(22;29) \\ \text{FEZ}\,(23) + \text{MI}\,(23;29) \end{array}\right]$$

$$\text{FAZ}\,(29) = \text{Max}\,[40;38;44]$$

$$\text{FAZ}\,(29) = 44$$

Der früheste Endzeitpunkt von 29 ergibt sich aus dem frühesten Anfangszeitpunkt plus der Dauer D (29) von Vorgang 29

$$\begin{array}{rcl} \text{FEZ}\,(29) & = & \text{FAZ}\,(29) + \text{D}\,(29) \\ 54 & = & 44 + 10 \end{array}$$

Den eben besprochenen Sachverhalt wollen wir noch einmal über der Zeitachse in Abb. 5–6 graphisch darstellen.

Bezeichnen wir mit i die Nummern sämtlicher Vorgänger unseres betrachteten Vorgangs k, wobei i die Nummern der Vorgänger durchläuft, dann können wir die *Formel* für die *Vorwärtsrechnung* folgendermaßen schreiben:

$$\text{FAZ}\,(k) = \underset{i}{\text{Max}}\,[\text{FEZ}\,(i) + \text{MI}\,(i, k)]$$

$$\text{FEZ}\,(k) = \text{FAZ}\,(k) + \text{D}\,(k)$$

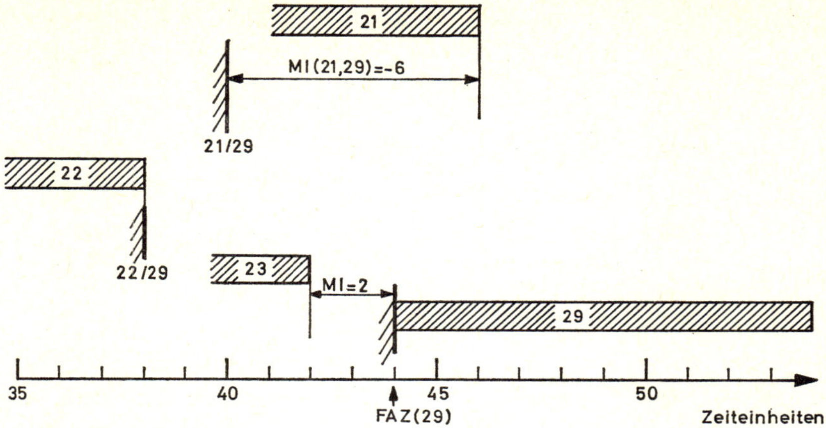

Abb. 5–6: Graphische Darstellung der Vorwärtsrechnung

5.5.2 Formeln für die Rückwärtsrechnung

Während bei der Vorwärtsrechnung alle Vorgänge so dicht wie möglich an den Projektanfang gelegt wurden, drängt die Rückwärtsrechnung alle Vorgänge so dicht wie möglich an das Projektende.

Es gilt die Voraussetzung, daß die spätesten Anfangszeitpunkte sämtlicher Nachfolger unseres Vorgangs 41 bekannt sind.

Wir wollen uns dem gesuchten Zeitpunkt wieder schrittweise nähern, wobei wir der Reihe nach jede Verbindung für sich betrachten und im letzten Schritt alle Beziehungen zusammenfassen.

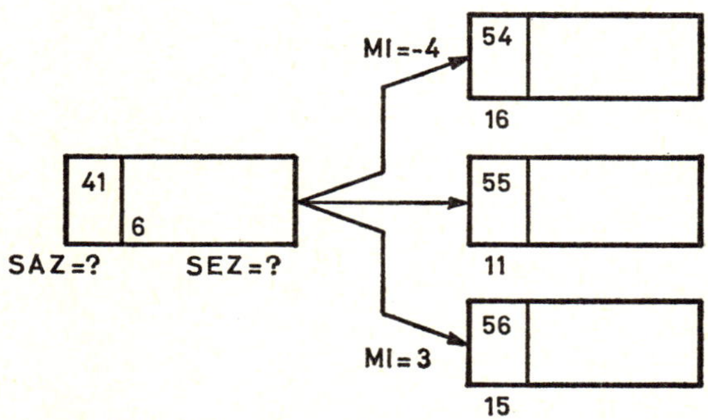

Abb. 5–7: Ausschnitt aus einem Netzplan – Rückwärtsrechnung

Schritt 1: 41/54

Mit den Arbeiten zu 54 muß spätestens 16 Zeiteinheiten nach Projektbeginn angefangen werden. Da 54 schon 2 Zeiteinheiten nach dem Beginn von 41 durchgeführt werden kann (MI (41/54) = –4) verschiebt sich das späteste Ende von Vorgang 41 auf den Zeitpunkt 20.

$$\begin{array}{lll} \text{SAZ (54)} - \text{MI (41;54)} & = & \text{SEZ' (41)} \\ 16 \quad - (-4) & = & 20 \end{array}$$

Schritt 2: 41/55

Um den spätesten Anfangszeitpunkt von Vorgang 55 einhalten zu können, muß 41 spätestens zum Zeitpunkt 11 abgeschlossen sein.

$$\begin{array}{lll} \text{SAZ (55)} - \text{MI (41;55)} & = & \text{SEZ' (41)} \\ 11 \quad - 0 & = & 11 \end{array}$$

Schritt 3: 41/56

Zwischen dem spätesten Anfang von 56 und dem spätesten Ende von 41 müssen drei Zeiteinheiten verstreichen, die durch MI = +3 bedingt werden.

$$\begin{array}{lll} \text{SAZ (56)} - \text{MI (41,56)} & = & \text{SEZ' (41)} \\ 15 \quad - 3 & = & 12 \end{array}$$

Schritt 4: 41/54,55, 56

Der Vorgang 41 muß spätestens dann beendet sein, wenn der am frühesten liegende seiner Nachfolger zu seinem spätesten Anfangszeitpunkt beginnt, d. h. der Nachfolger mit dem kleinsten spätesten Anfangszeitpunkt ist der bedingende Nachfolger.

$$\begin{aligned} \text{SEZ (41)} &= \text{Min [SAZ (54)} - \text{MI (41;54)}; \\ &\qquad \text{SAZ (55)} - \text{MI (41;55)}; \\ &\qquad \text{SAZ (56)} - \text{MI (41;56)]} \\ \text{SEZ (41)} &= \text{Min [20;11;12]} \\ \text{SEZ (41)} &= 11 \end{aligned}$$

Der späteste Anfangszeitpunkt von 41 ergibt sich aus dem spätesten Endzeitpunkt minus seiner Dauer D (41)

$$\begin{array}{lll} \text{SEZ (41)} - \text{D (41)} & = & \text{SAZ (41)} \\ 11 \quad - 6 & = & 5 \end{array}$$

In Abb. 5–8 wird die Rückwärtsrechnung über der Zeitachse dargestellt.

Bezeichnen wir den jeweils betrachteten Vorgang mit k und mit j seine sämtlichen Nachfolger, dann können wir die *Formel* allgemein für die *Rückwärtsrechnung* folgendermaßen schreiben:

$$\text{SEZ (k)} = \underset{j}{\text{Min}}\ [\text{SAZ (j)} - \text{Mi (k, j)}]$$

$$\text{SAZ (k)} = \text{SEZ (k)} - \text{D (k)}$$

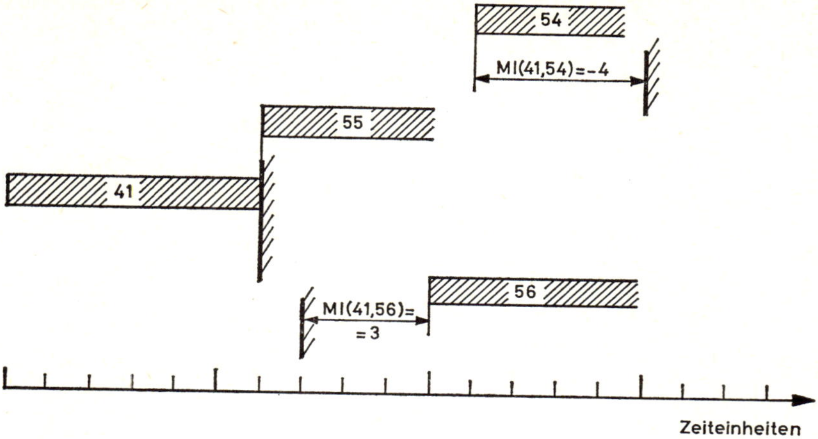

Abb. 5–8: Graphische Darstellung der Rückwärtsrechnung

5.5.3 Formeln für Pufferzeiten

In einem Netzplan haben wir die Vorwärts- und Rückwärtsrechnung bereits durchgeführt und erhalten den in Abb. 5–9 gezeigten Ausschnitt.

Vorgang 49 ist kritisch, denn seine frühesten und spätesten Anfangs- und Endzeitpunkte sind jeweils gleich. Das bedeutet, daß 49 zu den errechneten Zeitpunkten durchgeführt werden muß.

Vorgang 42 kann dagegen frühestens 20 Zeiteinheiten nach Projektbeginn anfangen und muß spätestens nach 30 Zeiteinheiten beginnen, um den An-

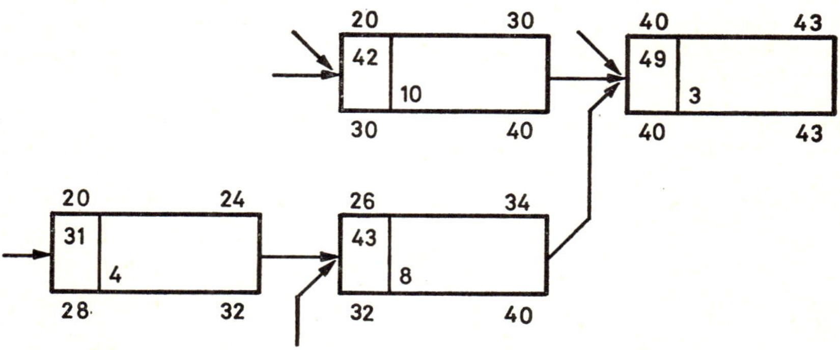

Abb. 5–9: Ausschnitt aus einem Netzplan – Pufferzeit

fang der zeitgerechten Durchführung von Vorgang 49 nicht zu gefährden. Dies bedeutet also, daß Vorgang 42 um zehn Zeiteinheiten verschoben werden oder sich die Fertigstellung um zehn Zeiteinheiten verzögern kann, ohne den Ablauf des Projektes zu stören.

Dieses Intervall bezeichnet man als *Gesamte Pufferzeit* (GP). Bei den Vorgängen 31 bzw. 43 ergibt sich die gesamte Pufferzeit zu 8 bzw. 6 Zeiteinheiten. Sie errechnen sich aus der Differenz den frühesten und spätesten Anfangszeit- bzw. Endzeitpunkt.

$$\begin{aligned} GP(31) &= SAZ(31) - FAZ(31) = SEZ(31) - FEZ(31) \\ 8 &= 28 - 20 = 32 - 24 \end{aligned}$$

Wir nehmen nun den Fall an, daß bei der Durchführung von Vorgang 31 eine Verzögerung von vier Wochen eintritt. Der Vorgang soll zu seinem frühestmöglichen Anfangszeitpunkt begonnen haben. Durch die gesamte Pufferzeit ist es möglich, diese Verzögerung ohne eine Gefährdung des Endtermins des Projekts anzufangen – aber Vorgang 43 kann nicht mehr zu seinem frühestmöglichen Zeitpunkt anfangen. Falls die Verzögerung nur zwei Wochen betragen hätte, dann könnte Vorgang 43 zum frühest möglichen Termin anfangen. Diese Zeitspanne, die also angibt, um wieviel ein Vorgang verschoben oder verzögert werden kann, ohne daß die frühesten Zeitpunkte der mit ihm verbundenen Vorgänge beeinflußt werden, bezeichnet man als *freie Pufferzeit* (FP).

Vorgang 31 hat also zwei verschiedene Pufferzeiten:

freie Pufferzeit FP (31) = 2

gesamte Pufferzeit GP (31) = 8

Die Vorgänge 42 und 43 haben jeweils die gleiche freie und gesamte Pufferzeit, wie sich der Leser leicht selber klar machen kann.

Vorgang 49 ist kritisch und hat
gesamte Pufferzeit = freie Pufferzeit = 0

Die Formeln für die Berechnung der *Pufferzeiten* sind für einen Vorgang k

Gesamte Pufferzeit

$$GP(k) = SAZ(k) - FAZ(k) = SEZ(k) - FEZ(k)$$

freie Pufferzeit

$$FP(k) = \min_{j} [FEZ(j) - MI(k, j)] - FEZ(k)$$

wobei j alle Nachfolger von k durchläuft.

Über die freie Pufferzeit kann der für den Vorgang Verantwortliche verfügen, ohne daß er auf andere Vorgänge Rücksicht zu nehmen braucht. Bei der Inanspruchnahme des gesamten Puffers über die freie Pufferzeit hinaus ist darauf zu achten, welche nachfolgenden Vorgänge von der Verschiebung oder Verzögerung betroffen werden. Als Hilfsmittel dient dazu die zeichnerische Darstellung des Netzplanes, da daraus sämtliche Beziehungen ablesbar sind.

Vorgänge, die fast kritisch sind, bezeichnet man als *subkritisch*.

Überschreitet die berechnete Projektdauer die vorgegebene Gesamtzeit des Projektes, so erhalten Vorgänge negative Pufferzeiten. Diese müssen durch verwaltungstechnische Maßnahmen, Mehrarbeit, Einstellung von Personal, Anschaffung von Maschinen, Aufträge an Fremdfirmen usw. beseitigt werden, falls der Endtermin nicht geändert werden kann oder soll.

Die Ergebnisse der Zeitrechnung für das Projekt Gewässerausbau sind in Abb. 5–10 aufgetragen.

5.5.4 Formeln für Hilfsvorgänge

Bei den Hilfsvorgängen müssen deren Dauer gleich oder kleiner der Dauer der bedingenden Hauptvorgänge sein, da sie im zeitlichen Rahmen der Hauptvorgänge durchgeführt werden müssen. Daraus ergeben sich folgende Formeln:

$$\text{FAZ}\,(k-1) = \text{FAZ}\,(k)$$
$$\text{FEZ}\,(k-1) = \text{FEZ}\,(k)$$
$$\text{SAZ}\,(k-1) = \text{SAZ}\,(k)$$
$$\text{SEZ}\,(k-1) = \text{SEZ}\,(k)$$

Die gesamte Pufferzeit eines Hilfsvorganges ist gleich der Differenz zwischen seinem spätest zulässigen und seinem frühestmöglichen Anfangs- oder Endzeitpunkt:

$$\text{GP}\,(k-1) = \text{SAZ}\,(k-1) - \text{FAZ}\,(k-1)$$
$$= \text{SEZ}\,(k-1) - \text{FEZ}\,(k-1)$$

Die freie Pufferzeit eines Hilfsvorganges ist gleich der freien Pufferzeit des Hauptvorganges zuzüglich der Zeitspanne, um die der Hilfsvorgang innerhalb der Dauer des Hauptvorganges verschoben werden kann:

$$\text{FP}\,(k-1) = \text{FP}\,(k) + \text{D}(k) - \text{D}\,(k-1)$$

5.6 Maximalabstände

Da Maximalabstände in der Praxis der Netzplantechnik nur selten vorkommen, wird auf eine systematische Behandlung im Rahmen der Zeitrechnung verzichtet.

Der Leser kann sich in dem Ausschnitt aus einem Netzplan in Abb. 5–11 den Einfluß eines Maximalabstandes selbst klarmachen.

V	Vorgang-Bezeichnung	D	FAZ	FEZ	SAZ	SEZ	GP	FP
1	Entsch. üb. Unters. Hochwasserfr. Ausb. M. Verl.	4.0	0.0	4.0	0.0	4.0	0.0	0.0
2	Entwickl. der techn. Konzeption	1.0	4.0	5.0	4.0	5.0	0.0	0.0
3	Entwickl. der rechtlichen Konzeption	1.0	4.0	5.0	40.0	41.0	36.0	0.0
4	Entwickl. der finanziellen Konzeption	1.0	4.0	5.0	32.0	33.0	28.0	0.0
5	Durchführung technischer Untersuchungen	40.0	5.0	45.0	5.0	45.0	0.0	0.0
6	Überprüfung der Eigentumsverh. der Beteil.	4.0	5.0	9.0	41.0	45.0	36.0	36.0
7	Bewillig. und Beschaffung von Planungsmitteln	12.0	5.0	17.0	33.0	45.0	28.0	28.0
8	Beschluß und Antragstellung	2.0	57.0	59.0	57.0	59.0	0.0	0.0
9	1. Besprechung der Finanzierung	12.0	45.0	57.0	45.0	57.0	0.0	0.0
10	Vorprüf. RP auf Verfahrensm. und Vollständ.	4.0	59.0	63.0	59.0	63.0	0.0	0.0
11	Verhandlung. mit Gemein., Kreis, Land, Bund	4.0	59.0	63.0	89.0	93.0	30.0	0.0
12	Anhörung von Behörden	30.0	63.0	93.0	73.0	103.0	10.0	10.0
13	Überprüfung durch Wasserwirtschaftsamt	40.0	63.0	103.0	63.0	103.0	0.0	0.0
14	Überprüfung durch untere Wasserbehörden	30.0	63.0	93.0	73.0	103.0	10.0	10.0
15	Überprüfung durch Landesstraßenbauamt	20.0	63.0	83.0	83.0	103.0	20.0	20.0
16	Zusagen über prozentuale Beteiligung	10.0	63.0	73.0	93.0	103.0	30.0	30.0
17	Bereitstellen der eigenen Mittel	4.0	63.0	67.0	99.0	103.0	36.0	36.0
18	Behördentermin Abstimmung	3.0	103.0	106.0	103.0	106.0	0.0	0.0
19	Vorzeitiger Baubeginn Ausschr. Auftragsverg.	50.0	106.0	156.0	106.0	156.0	0.0	0.0
20	Aufstellen des Planfeststellungsbesch.	4.0	106.0	110.0	131.0	135.0	25.0	0.0
21	Vorbereitung der endgültigen Finanzierung	6.0	106.0	112.0	196.0	202.0	90.0	19.0
22	Mitteilung an Betroffene	2.0	110.0	112.0	135.0	137.0	25.0	0.0
23	Offenlegung und Veröffentlichung	3.0	110.0	113.0	135.0	138.0	25.0	0.0
24	Prüfung der Bedenken und Anregungen	4.0	118.0	122.0	143.0	147.0	25.0	0.0
25	Erörterungstermin	4.0	122.0	126.0	147.0	151.0	25.0	0.0
26	Genehmigung und Veröffentlichung	5.0	126.0	131.0	151.0	156.0	25.0	0.0
27	Endgültiger Ausbau – Bauabschnitte	50.0	156.0	206.0	156.0	206.0	0.0	0.0
28	Bewilligung von Mitteln	4.0	131.0	135.0	202.0	206.0	71.0	71.0
29	Bauabnahme und Abrechnung	10.0	206.0	216.0	206.0	216.0	0.0	0.0

Abb. 5. 10 Zeitliste für das Projekt Gewässerausbau

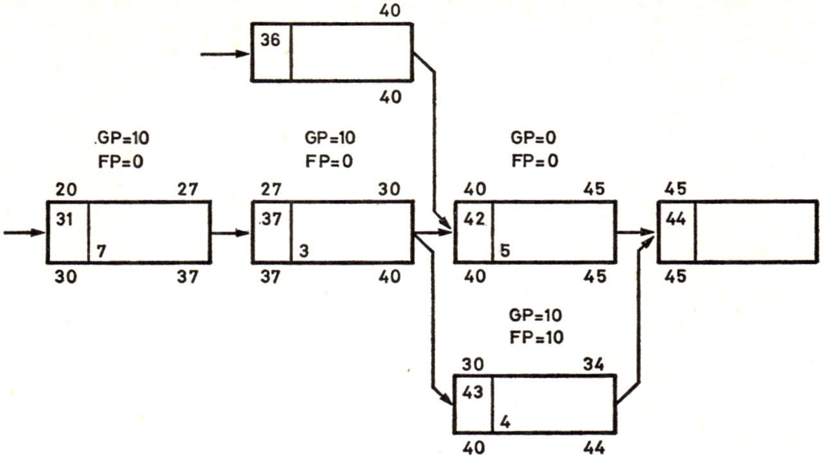

Abb. 5–11.1: Ausschnitt aus einem Netzplan ohne Maximalabstand

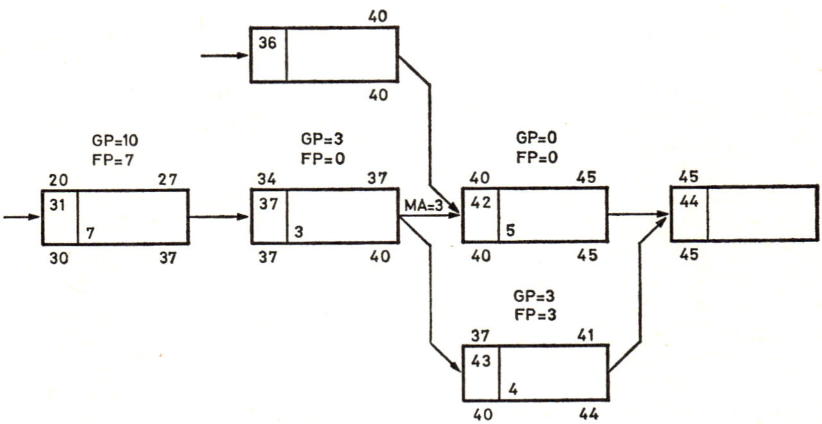

Abb. 5–11.2: Ausschnitt aus einem Netzplan mit Maxialabstand

1973

	Januar		Februar		März		April		Mai		Juni		Juli
	Sa So		Sa So		Sa So		Sa 1 So —		Sa So		Sa So		Sa 1 So —
						13.						26.	
	1 Mo — 2 Di 746 3 Mi 747 4 Do 748 5 Fr 749		Mo Di Mi 1 Do 768 2 Fr 769		Mo Di Mi 1 Do 788 2 Fr 789		2 Mo 810 3 Di 811 4 Mi 812 5 Do 813 6 Fr 814		Mo 1 Di — 2 Mi 829 3 Do 830 4 Fr 831		Mo Di Mi Do 1 Fr 850		2 Mo 869 3 Di 870 4 Mi 871 5 Do 872 6 Fr 873
	6 Sa — 7 So —		3 Sa — 4 So —		3 Sa — 4 So —		7 Sa — 8 So —		5 Sa — 6 So —		2 Sa — 3 So —		7 Sa — 8 So —
1.	4	5.	2	9.	2	14.	5	18.	3	22.	1	27.	5
	8 Mo 750 9 Di 751 10 Mi 752 11 Do 753 12 Fr 754		5 Mo 770 6 Di 771 7 Mi 772 8 Do 773 9 Fr 774		5 Mo 790 6 Di 791 7 Mi 792 8 Do 793 9 Fr 794		9 Mo 815 10 Di 816 11 Mi 817 12 Do 818 13 Fr 819		7 Mo 832 8 Di 833 9 Mi 834 10 Do 835 11 Fr 836		4 Mo 851 5 Di 852 6 Mi 853 7 Do 854 8 Fr 855		9 Mo 874 10 Di 875 11 Mi 876 12 Do 877 13 Fr 878
	13 Sa — 14 So —		10 Sa — 11 So —		10 Sa — 11 So —		14 Sa — 15 So —		12 Sa — 13 So —		9 Sa — 10 So —		14 Sa — 15 So —
2.	5	6.	5	10.	5	15.	5	19.	5	23.	5	28.	5
	15 Mo 755 16 Di 756 17 Mi 757 18 Do 758 19 Fr 759		12 Mo 775 13 Di 776 14 Mi 777 15 Do 778 16 Fr 779		12 Mo 795 13 Di 796 14 Mi 797 15 Do 798 16 Fr 799		16 Mo 820 17 Di 821 18 Mi 822 19 Do 823 20 Fr —		14 Mo 837 15 Di 838 16 Mi 839 17 Do 840 18 Fr 841		11 Mo — 12 Di 856 13 Mi 857 14 Do 858 15 Fr 859		16 Mo 879 17 Di 880 18 Mi 881 19 Do 882 20 Fr 883
	20 Sa — 21 So —		17 Sa — 18 So —		17 Sa — 18 So —		21 Sa — 22 So —		19 Sa — 20 So —		16 Sa — 17 So —		21 Sa — 22 So —
3.	5	7.	5	11.	5	16.	4	20.	5	24.	4	29.	5
	22 Mo 760 23 Di 761 24 Mi 762 25 Do 763 26 Fr 764		19 Mo 780 20 Di 781 21 Mi 782 22 Do 783 23 Fr 784		19 Mo 800 20 Di 801 21 Mi 802 22 Do 803 23 Fr 804		23 Mo — 24 Di 824 25 Mi 825 26 Do 826 27 Fr 827		21 Mo 842 22 Di 843 23 Mi 844 24 Do 845 25 Fr 846		18 Mo 860 19 Di 861 20 Mi 862 21 Do — 22 Fr 863		23 Mo 884 24 Di 885 25 Mi 886 26 Do 887 27 Fr 888
	27 Sa — 28 So —		24 Sa — 25 So —		24 Sa — 25 So —		28 Sa — 29 So —		26 Sa — 27 So —		23 Sa — 24 So —		28 Sa — 29 So —
4.	5	8.	5	12.	5	17.	4	21.	5	25.	4	30.	5
	29 Mo 765 30 Di 766 31 Mi 767 Do Fr		26 Mo 785 27 Di 786 28 Mi 787 Do Fr		26 Mo 805 27 Di 806 28 Mi 807 29 Do 808 30 Fr 809		30 Mo 828 Di Mi Do Fr		28 Mo 847 29 Di 848 30 Mi 849 31 Do — Fr		25 Mo 864 26 Di 865 27 Mi 866 28 Do 867 29 Fr 868		30 Mo 889 31 Di 890 Mi Do Fr
	Sa So		Sa So		31 Sa — So		Sa So		Sa So		30 Sa — So		Sa So
5.	3	9.	3	13.	5	18.	1	22.	3	26.	5	31.	2
	22		20		22		19		21		19		22

Nummer der Arbeitswoche

Nummer des Arbeitstags

Anzahl der Arbeitstage pro Woche

Anzahl der Arbeitstage pro Monat

Abb. 5–12 Ausschnitt aus einem Betriebskalender eines Unternehmens in Baden Württemberg

5.7 Kalendrierung

Aus Gründen einer einfachen Durchführung unserer bisherigen Rechnungen haben wir stets nur in Planungseinheiten gerechnet, da wir uns dabei auf sehr einfache Addition, Subtraktion und Extremwertbildung beschränken konnten. Als Ergebnis haben wir erhalten, um wieviel Zeiteinheiten die Zeitpunkte eines Vorganges vom Projektbeginn entfernt liegen. Die an dem Projekt Beteiligten wissen damit wenig anzufangen, denn es sagt dem verantwortlichen Ingenieur wenig, daß er mit den technischen Untersuchungen frühestens zum Zeitpunkt 5 anfangen kann und spätestens zum Zeitpunkt 6 fertig sein muß. Er will wissen, wann er, in Kalenderterminen ausgedrückt, mit seiner Arbeit anfangen kann, und bis zu welchem Datum er sie erledigt haben muß. Die in Planungseinheiten errechneten Projektzeitpunkte sind also in Kalendertermine umzurechnen.

Für die Kalendrierung verwenden wir am besten einen sog. Betriebskalender (s. Abb. 5–12, in der ein Betriebskalender eines Unternehmens aus Baden-Württemberg – wichtig wegen der in den Bundesländern verschiedenen Feiertage – gezeigt wird), in dem nur die Arbeitstage numeriert werden und die arbeitsfreien Tage nicht mitgezählt werden.

Folgende Daten müssen für die Kalendrierung bekannt sein:

→der Starttermin des Projektes, ausgedrückt in Kalenderdaten,
→ein Betriebskalender, in dem sämtliche arbeitsfreien Tage verzeichnet sind,
→die Planungseinheit, die für den Netzplan gültig ist.

Das Ergebnis der Kalendrierung für unser Projekt Gewässerausbau ist in Abb. 5–13 aufgetragen. Dabei bedeuten:

FAT = frühester Anfangstermin
FET = frühester Endtermin
SAT = spätester Anfangstermin
SET = spätester Endtermin

Bitte prägen Sie sich diese Abkürzungen ein. Auch ist zu beachten, daß in jeder Liste bei den Anfangsterminen stets der Morgen des betreffenden Tages gemeint ist und bei den Endterminen stets der Abend.

Mit dieser Liste weiß der Ingenieur nunmehr genau, daß er mit seinen technischen Untersuchungen am 14. 2. 1972 beginnen kann, und daß er sie spätestens zum 29. 11. 1972 abgeschlossen haben muß.

Sollte er diesen Termin *nicht* einhalten können, muß er dies dem Leiter des Projektes melden. Auf diese Fragen werden wir aber in Kapitel 9 noch genauer eingehen.

V	Vorgang-Bezeichnung	D	FAT	FET	SAT	SET	GP	FP
1	Entsch. üb. Unters. Hochwasserfr. Ausb. M. Verl.	4.0	10. 1.72	4. 2.72	10. 1.72	4. 2.72	0.0	0.0
2	Entwickl. der techn. Konzeption	1.0	7. 2.72	11. 2.72	7. 2.72	11. 2.72	0.0	0.0
3	Entwickl. der rechtlichen Konzeption	1.0	7. 2.72	11. 2.72	24. 10.72	30. 10.72	36.0	0.0
4	Entwickl. der finanziellen Konzeption	1.0	7. 2.72	11. 2.72	29. 8.72	4. 9.72	28.0	0.0
5	Durchführung technischer Untersuchungen	40.0	14. 2.72	29. 11.72	14. 2.72	29. 11.72	0.0	0.0
6	Überprüfung der Eigentumsverh. der Beteil.	4.0	14. 2.72	10. 3.72	31. 10.72	29. 11.72	36.0	36.0
7	Bewillig. und Beschaffung von Planungsmitt.	12.0	14. 2.72	10. 5.72	5. 9.72	29. 11.72	28.0	28.0
8	Beschluß und Antragsstellung	2.0	27. 2.73	12. 3.73			0.0	0.0
9	1. Besprechung der Finanzierung	12.0	30. 11.72	26. 2.73	30. 11.72	26. 2.73	0.0	0.0
10	Vorprüf. RP auf Verfahrensm. und Vollständ.	4.0	13. 3.73	9. 4.73	13. 3.73	9. 4.73	0.0	0.0
11	Verhandlung. mit Gemein., Kreis, Land, Bund	4.0	13. 3.73	9. 4.73	17. 10.73	14. 11.73	30.0	0.0
12	Anhörung von Behörden	30.0	10. 4.73	14. 11.73	27. 6.73	30. 1.74	10.0	10.0
13	Überprüfung durch Wasserwirtschaftsamt	40.0	10. 4.73	30. 1.74	10. 4.73	30. 1.74	0.0	0.0
14	Überprüfung durch untere Wasserbehörden	30.0	10. 4.73	14. 11.73	27. 6.73	30. 1.74	10.0	10.0
15	Überprüfung durch Landesstraßenbauamt	20.0	10. 4.73	4. 9.73	5. 9.73	30. 1.74	20.0	20.0
16	Zusagen über prozentuale Beteiligg.	10.0	10. 4.73	26. 6.73	15. 11.73	30. 1.74	30.0	30.0
17	Bereitstellen der eigenen Mittel	4.0	10. 4.73	10. 5.73	3. 1.74	30. 1.74	36.0	36.0
18	Behördentermin Abstimmung	3.0	31. 1.74	20. 2.74	31. 1.74	20. 2.74	0.0	0.0
19	Vorzeitiger Baubeginn Ausschr., Auftragsverg.	50.0	21. 2.74	25. 2.75	21. 2.74	25. 2.75	0.0	0.0
20	Ausstellen des Planfeststellungsbesch.	4.0	21. 2.74	20. 3.74	26. 8.74	20. 9.74	25.0	0.0
21	Vorbereitung der endgültigen Finanzierung	6.0	21. 2.74	3. 4.74	15. 12.75	30. 1.76	90.0	19.0
22	Mitteilung an Betroffene	2.0	21. 3.74	3. 4.74	23. 9.74	4. 10.74	25.0	0.0
23	Offenlegung und Veröffentlichung	3.0	21. 3.74	10. 4.74	23. 9.74	11. 10.74	25.0	0.0
24	Prüfung der Bedenken und Anregungen	4.0	21. 5.74	21. 6.74	19. 11.74	17. 12.74	25.0	0.0
25	Erörterungstermin	4.0	24. 6.74	19. 7.74	18. 12.74	21. 1.75	25.0	0.0
26	Genehmigung und Veröffentlichung	5.0	22. 7.74	23. 8.74	22. 1.75	25. 2.75	25.0	0.0
27	Endgültige Ausbau-Bauabschnitte	50.0	26. 2.75	27. 2.76	26. 2.75	27. 2.76	0.0	0.0
28	Bewilligung von Mitteln	4.0	26. 8.74	20. 9.74	2. 2.76	27. 2.76	71.0	71.0
29	Bauabnahme und Abrechnung	10.0	1. 3.76	11. 5.76	1. 3.76	11. 5.76	0.0	0.0

Abb. 5. 13 Terminliste für das Projekt »Gewässerausbau«

Aufgabe 1

Berechnen Sie den in der Musterlösung zu Aufgabe 3 von Kapitel 4 gegebenen Netzplan.

Die Zeitangaben sollen – abweichend von unserer sonstigen Gewohnheit – Stunden bedeuten.

Kapitel 6 Kosten

Einführung

Da erst *zwei unabhängige* Bewertungen die Möglichkeit geben, das Optimum von Funktionen zu finden und damit tiefere Einblicke in das Geschehen zu bekommen, hat die reine Zeitplanung kaum die volle Wirksamkeit als Führungsmittel.

Wenn trotzdem reine Zeitplanung weit verbreitet ist, so findet man eine stillschweigende zweite oder auch mehrere Bewertungen bei der Ermittlung der Schätzwerte.

Wo die Überwachung der Termine große Bedeutung hat, mag auch die reine Zeitplanung wertvoll sein.

Falls die Kosten zugleich die zutreffende Wertfunktion für das Unternehmen oder das Projekt sind, reichen Zeit und Kosten für eine vollwertige Projektplanung aus.

Wenn die Kosten nicht kennzeichnend sind, müßte eine weitere Bewertungsfunktion, z. B. die Erfolgsfunktion mit Zahlen, die keine Kosten sind, hinzukommen. Komplizierte Bewertungen, die mit Gewichten additiv aus mehreren verträglichen, wie man auch sagt, kompatibeln Bewertungen zusammengesetzt sind, werden analog wie die Kostenfunktion verwendet.

In der Netzplantechnik werden überwiegend die Kosten in der Zeit verwendet, die allerdings oft mit den Kosten, wie sie in der Betriebsabrechnung verwendet werden, nicht übereinstimmen.

Für nichttechnische Verwaltungsvorhaben findet man oft eine Kostenfunktion, die virtuell ist.

Man bewertet dabei die Vorgänge mit Geld, bildet Kostenverdichtungen und definiert Gemeinkosten, obwohl diese Kosten nicht wirklich abgerechnet werden.

Mit Wertfunktionen, die den Erfolg nicht in Geld ausdrücken, wurden in der Praxis noch keine Erfahrungen gesammelt.

Die Zuordnungsstrukturen bei der Kostenrechnung sind der Projektstrukturplan und der Netzplan, in denen das Projekt systematisch in Teilaufgaben, Arbeitspakete und Vorgänge zerlegt und in seinem zeitlichen Ablauf dargestellt wird. Dadurch entstehen für das Projekt kostenmäßig überschaubare Größenordnungen, die eine eindeutige Zuordnung der Kosten zu Projektteilen und Zeitabschnitten ermöglichen.

In der Planungsphase des Projektes ist dabei die Kostenrechnung

→eine Vorschaurechnung für die Höhe der Kosten einzelner Projektteile und der Gesamtkosten für das Projekt,
→ein Hilfmittel zur Ermittlung des zeitlichen Kostenverlaufs,
→ein Hilfmittel zur Erstellung des Geldmittelbedarfsplans.

In der Durchführungsphase des Projektes ist die Kostenrechnung
→eine Vorgaberechnung,
→eine Kontrollrechnung, die den Planwerten die Istwerte gegenüberstellt und
→dabei Hinweise auf notwendige Änderungen der Vorgaberechnung liefert,
→hilft, die Projektkosten zu überwachen,
→eine Verfügbarkeitsrechnung, die die jeweils verbleibenden Geldmittel bis zur Beendigung des Projektes ermittelt,
→ein Hilfmittel für die Finanzplanung.

6.1 Kostenschätzung

Im Rahmen der Netzplantechnik werden die Kosten im Hinblick der Projektplanung und Projektdurchführung betrachtet.

Es handelt sich also nur um die Kosten, die bei der Ausführung eines Projektes anfallen und über das Projekt abgerechnet werden. Da die Kosten eines Vorgangs im allgemeinen relativ leicht und genau geschätzt werden können – auf jeden Fall aber zuverlässiger als die einer größeren Einheit – erfaßt man die Kosten so weit als möglich bei der kleinsten Einheit: dem Vorgang. *Vorgangskosten* sind die Kosten, die unmittelbar durch einen bestimmten Vorgang verursacht werden. Man schätzt sie durch Angabe

→des Kostenwerts (z. B. durch Angabe von DM-Beträgen) oder durch
→die Kostenmenge (z. B. durch Angabe der zur Durchführung des Vorgangs erforderlichen Arbeitsstunden).

Um die Kosten möglichst gut erfassen zu können, werden sie am besten für jeden Vorgang getrennt nach *Kostenarten* geschätzt. Man kennt im Verwaltungsbereich eine Vielzahl von Kostenarten, wie z. B.

Personalkosten, Kapitalkosten, Energiekosten, Mieten, Versicherungskosten, Sachkosten, Kosten für Dienstleistungen Dritter, Ausbildungskosten.

Um die Übersichtlichkeit der Kostenplanung und Kostenüberwachung zu erhöhen, ist es zweckmäßig, entsprechend den Gegebenheiten des jeweiligen Projektes und der beteiligten Stellen *Kostenartengruppen* zu bilden. Im PPS-System I, das in erster Linie für die Planung, Steuerung und Überwachung von wehrtechnischen Projekten entwickelt wurde, kennt man z. B.

Ingenieurstunden, Werkstattkosten, Maschinenkosten, Materialkosten und Sonderkosten. Im Verwaltungsbereich sind oft folgende Kostenartengruppen zweckmäßig:

Personalkosten	Materialkosten
Arbeitsmittelkosten	Behördliche Eigenkosten
Planungskosten	Sonderkosten
Maschinenkosten	

Die Vorteile der Kostenschätzung bei den Vorgängen sind also

→genaue Schätzung der Kostenhöhen,
→Ermittlung des Kostenanfalls in der Zeit, der sich aus den Vorgangsterminen im Netzplan ergibt,
→während der Projektdurchführung laufende Möglichkeiten eines Soll-Ist-Vergleichs.

Nun gibt es aber Kosten, die gemeinsam von mehreren Vorgängen, Arbeitspaketen oder Teilaufgaben verursacht werden oder nicht eindeutig einzelnen Vorgängen zugeordnet werden können. Man bezeichnet solche Kosten als *Interfacekosten.* Das können z. B. sein:

→Versicherungskosten
→Kapitalkosten
→Mietkosten
→Kosten für Dienstleistungen Dritter.

Diese dem einzelnen Vorgang nicht unmittelbar zuordenbaren Kosten werden entweder anteilmäßig auf die betreffenden Vorgänge aufgeteilt oder direkt dem Arbeitspaket, der Teilaufgabe oder sogar dem Gesamtprojekt zugeordnet. Daraus folgt, daß in der Kostenrechnung neben dem Netzplan auch dem Projektstrukturplan eine wesentliche Aufgabe zufällt. Diese Zuordnung ist in Abb. 6–1 graphisch dargestellt.

6.2 Soll – Kosten – Verdichtung

Falls man alle entstehenden Kosten den Vorgängen, Arbeitspaketen, Teilaufgaben und dem Projekt zugeordnet hat, kann man diese Kosten schrittweise zusammenfassen. Das Schema für das Vorgehen ist aus der Abb. 6–1 zu ersehen. Zunächst werden die Kosten der Vorgänge pro Arbeitspaket addiert. Die Gesamtkosten eines Arbeitspaketes erhalten wir also aus dieser Summe der Vorgangskosten und den diesem Arbeitspaket zugeordneten

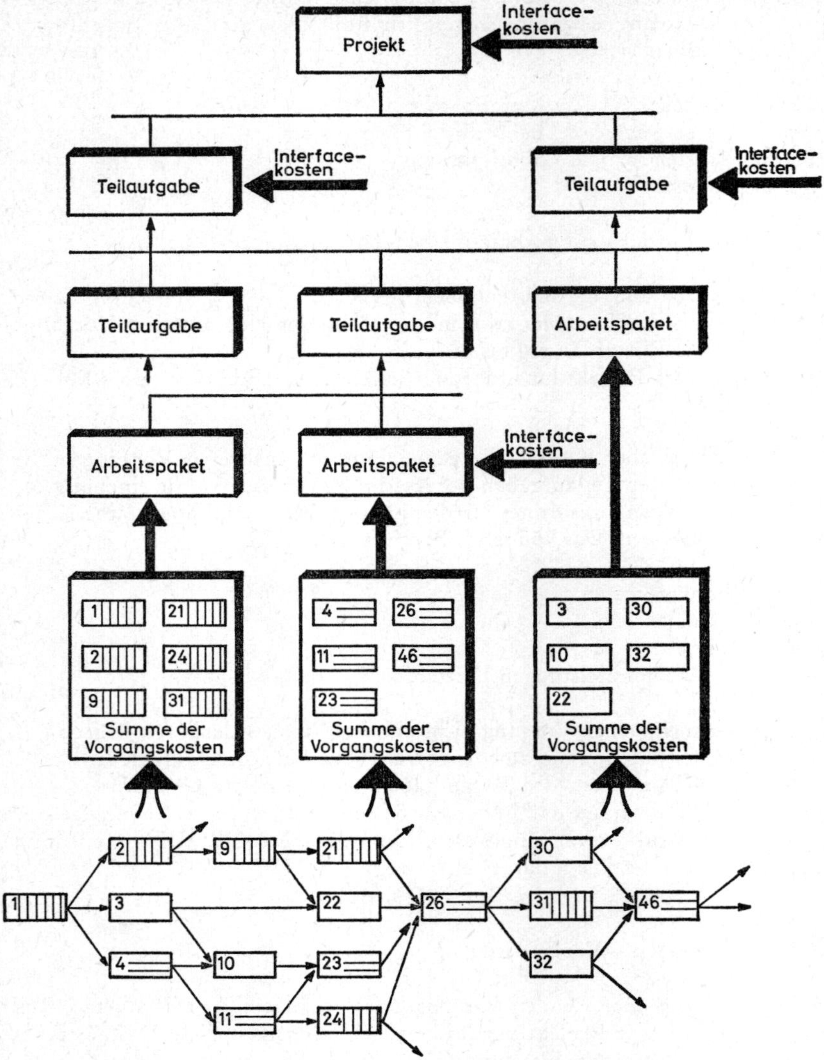

Abb. 6–1: Berechnung der Projektkosten

Interfacekosten. Für Teilaufgaben geht man analog vor, indem man zuerst die Kosten der zu dieser Teilaufgabe gehörenden Arbeitspakete summiert und dazu die Interfacekosten dieser Teilaufgabe addiert. Damit erhalten wir nach Abschluß der Rechnung die Gesamtsumme des Projektes, falls gewünscht, aufgeschlüsselt nach den einzelnen Kostenarten und die Kosten für jede Teilaufgabe und für jedes Arbeitspaket.

Um zu ermitteln, welche Kosten bei der Durchführung des Projektes durch die einzelnen Verwaltungsbereiche/Behörden/Dienststellen verursacht werden, kann man den einzelnen Vorgängen die durchführenden Kostenstellen zuordnen und anschließend die Kosten nach diesen Kostenstellen sortieren.

6.3 Zeitlicher Kostenverlauf

Während uns bei der Sollkostenverdichtung die Höhe der Vorgangs-, Arbeitspaket-, Teilaufgaben- und Projektkosten, eventuell geordnet nach Kostenarten, Kostenstellen oder durchführender Behörde interessiert hat, wollen wir uns in dem folgenden Abschnitt mit dem Verlauf der Kosten über der Zeit beschäftigen.

Aus der Zeitrechnung ist bekannt, wann ein Vorgang frühestens oder spätestens beginnen kann oder enden muß und damit auch, in welchem Zeitraum bei der Durchführung des Vorgangs Kosten anfallen. Aus den bisherigen Überlegungen wissen wir bereits, wie hoch die Kosten für jeden Vorgang sind.

Wir wollen nun vereinfachend annehmen, daß der kumulierte Kostenverlauf eine stetige Funktion ist, und daß die Kosten linear der Zeit zugeordnet werden können (gleiche Zeitanteile bedingen gleiche Kostenanteile). Betrachten wir dazu ein Beispiel. Der Vorgang von Abb. 6–2 verursacht während seiner Durchführung von fünf Wochen Kosten in Höhe von 10 000 DM.

Wir nehmen nun an, daß die Kosten gleichmäßig über der Zeit anfallen, d. h. in jeder Woche verursacht der Vorgang 2000 DM Kosten. Um den kumulierten Kostenverlauf daraus zu ermitteln, werden für jede Woche diese 2000 DM addiert, und wir erhalten als Ergebnis den in Abb. 6–2 dargestellten kumulierten Kostenverlauf.

Der gesamte Kostenverlauf, der sich aus dem monatlichen Kostenanfall ermitteln läßt, greift auf die Ergebnisse der Zeitrechnung zurück. Dabei werden die Kosten der im jeweils betrachteten Monat durchzuführenden Vorgänge addiert. Erstreckt sich ein Vorgang über mehrere Monate, dann werden seine Kosten anteilig auf die einzelnen Monate verteilt. Die Dauer des Vorgangs wird dabei in Arbeitstagen angegeben. Aus den gesamten Kosten des Vorgangs und seiner Dauer werden die Kosten pro Arbeitstag ermittelt. Da aus der Zeitrechnung bekannt ist, mit wieviel Arbeitstagen der Vorgang in die einzelnen Monate fällt, läßt sich daraus der monatliche Anteil leicht errechnen.

Der Projektkostenverlauf kann nach der frühesten Lage der Vorgänge oder nach der spätesten Lage der Vorgänge ermittelt werden. Es ergeben sich zwei verschiedene Projektkostenverläufe, die in Abb. 6–3 und 6–4 dargestellt sind. In diesen beiden Abbildungen ist angegeben, wieviel Kosten pro Monat anfallen. Den zeitlichen kumulierten Kostenverlauf spiegelt Abb. 6–5 wider. Die dort dargestellte Summenkurve zeigt an, wieviel Kosten bis zu einem bestimmten Zeitpunkt insgesamt aufgelaufen sind, und zwar nach dem frühesten Start der Vorgänge (obere Kurve) und nach dem spätesten Start der Vorgänge (untere Kurve). Diese beiden Kurven stellen Grenzen dar, innerhalb deren der tatsächliche Kostenverlauf liegen sollte.

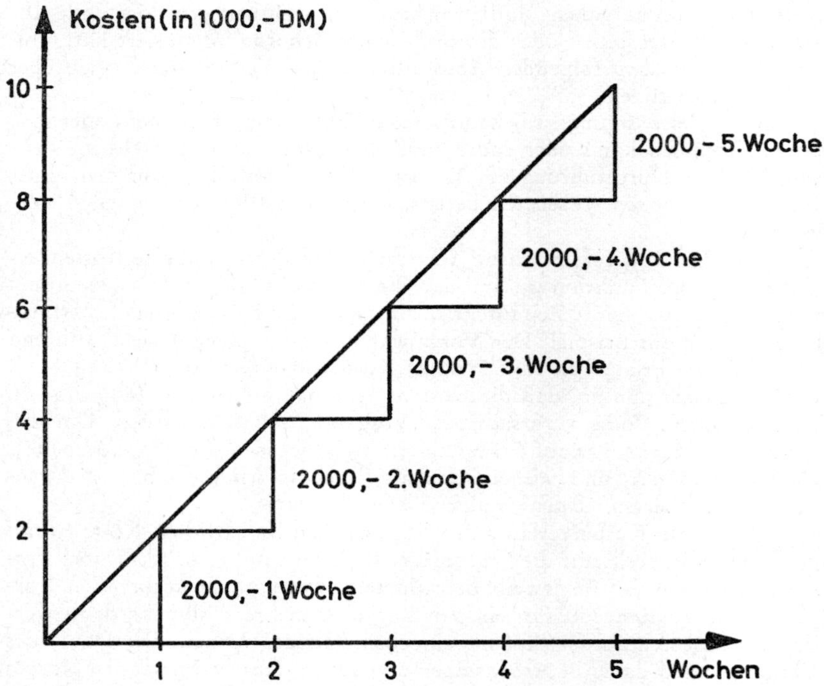

Abb. 6–2: Kumulierter Kostenverlauf

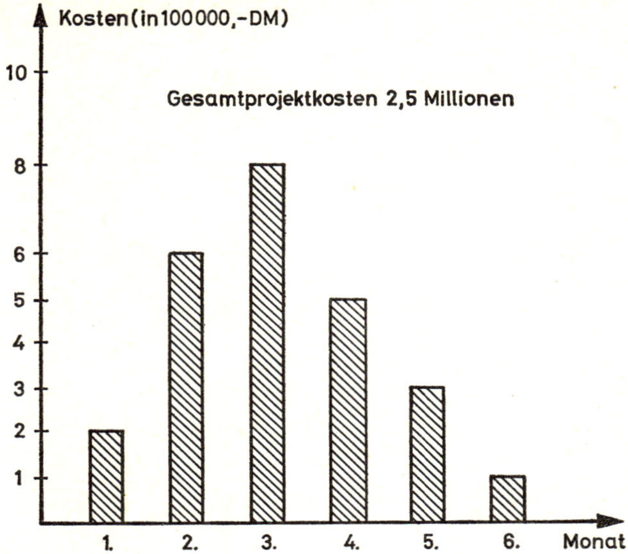

Abb. 6–3: Kostenverlauf nach frühestem Start

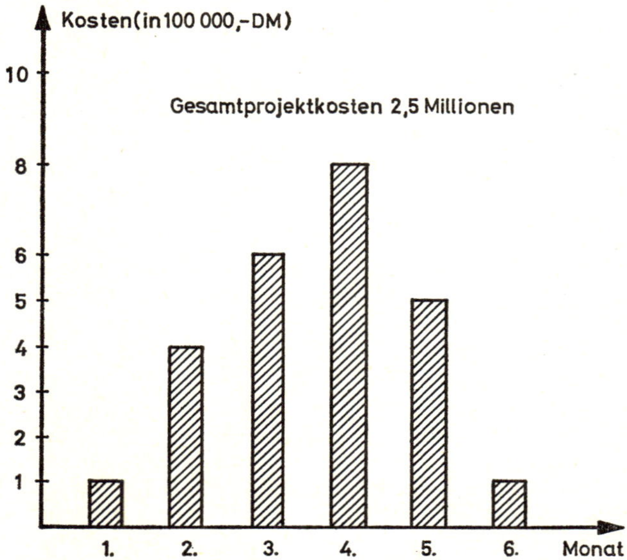

Abb. 6–4: Kostenverlauf nach spätestem Start

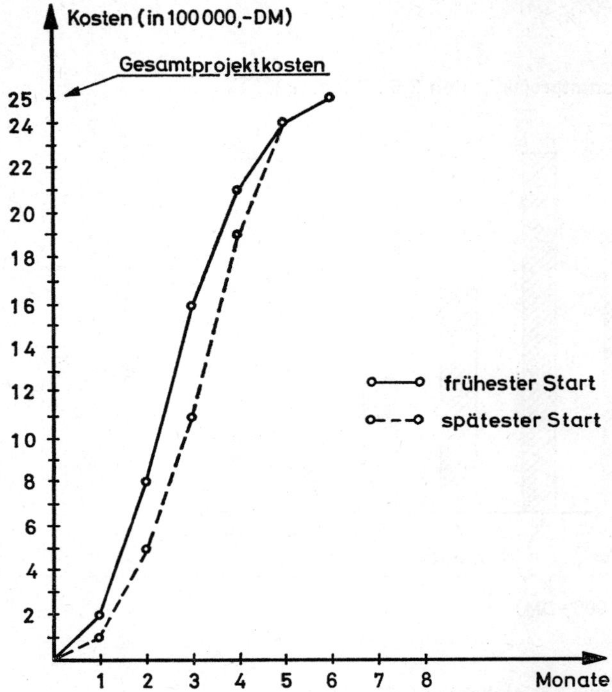

Abb. 6–5: Kumulierter Verlauf der Projektkosten

6.4 Kostenüberwachung

Bisher haben wir nur die Kostenplanung betrachtet, die uns über die Höhe und den zeitlichen Verlauf der geplanten Kosten – der Sollkosten – Aufschluß gegeben hat. Aber nicht nur für die Planung, sondern auch für die Durchführung des Projektes liefert uns der Netzplan wertvolle Informationen. Der Leser möge uns einen kleinen Vorgriff gestatten, so daß wir bereits hier kurz auf die Überwachung der Projektkosten eingehen können. Die integrierte Planung, Steuerung und Überwachung eines Projektes nach Leistung, Zeit, Kosten und Kapazität werden wir ausführlich in Kapitel 8 besprechen. In diesem Abschnitt sollen einige Begriffe eingeführt werde, die zum weiteren Verständnis notwendig sind.

Auf die Zielsetzung der Kostenüberwachung sind wir bereits auf Seite 62 eingegangen. Diese Ziele lassen sich durch eine termingerechte, d. h. kurzfristige Gegenüberstellung der Sollkosten und der Istwerte erreichen. Dabei sind keine bis auf den Pfennig genauen Zahlen erforderlich, sondern es ist wichtig, schnell die benötigten Daten zu erhalten, um den weiteren Kostenverlauf des Projektes vorauszusagen und zu sehen, ob der Projektfortschritt mit der Kostenentwicklung Schritt hält. Auftretende Kostenüberschreitungen will man baldmöglichst erkennen und lokalisieren, um gezielt Gegenmaßnahmen einleiten zu können.

Auf die Erfassung der Daten werden wir in Kapitel 8 eingehen; uns genügt es, für diesen Abschnitt zu wissen

→ die Sollkosten,
→ den Verbrauch in der Abrechnungsperiode,
→ den gesamten Verbrauch vom Projektanfang bis zum Ende der betrachteten Abrechnungsperiode und
→ den Arbeitswert.

Es hat wenig Sinn, zu einem Stichtag die tatsächlich angefallenen Kosten den Sollkosten gegenüberzustellen, um mit diesen Aussagen Entscheidungen zu treffen. Höhere Istkosten können auch dadurch entstanden sein, daß die Leistung früher erbracht wurde. Es muß vielmehr ermittelt werden, welchen Wert die bisher geleistete Arbeit darstellt. Dazu dient uns der *Arbeitswert*, der sich aus dem abgeschlossenen Teil des Projektes, bewertet mit den Sollkosten, ergibt. Die an dem Stichtag in Arbeit befindlichen Vorgänge berücksichtigt man dabei entsprechend ihrem Fertigstellungsgrad. Man errechnet also den Betrag, der gemäß dem Stand der Projektarbeiten planmäßig verausgabt sein müßte. Zur Verdeutlichung dient uns Abb. 6–6. Bei einer solchen Projektsituation ergibt sich dabei an dem Stichtag der Arbeitswert aus

→ den abgeschlossenen Vorgängen 1, 2, 3, die mit ihren Plankosten bewertet werden,
→ den in Arbeit befindlichen Vorgängen 4, 5, die entsprechend ihrem Fertigstellungsgrad mit den Plankosten bewertet werden, also die Summe von

134 000 DM. Dieser Betrag hätte an dem Stichtag, gemäß dem Stand der Projektarbeiten, abgeflossen sein müssen.

Dieser Arbeitswert wird nun den Istkosten gegenübergestellt. Der Vergleich dieser beiden Zahlenwerte am Stichtag gibt unmittelbar die Abweichung von den geplanten Kosten wieder (siehe Abb. 6–7).

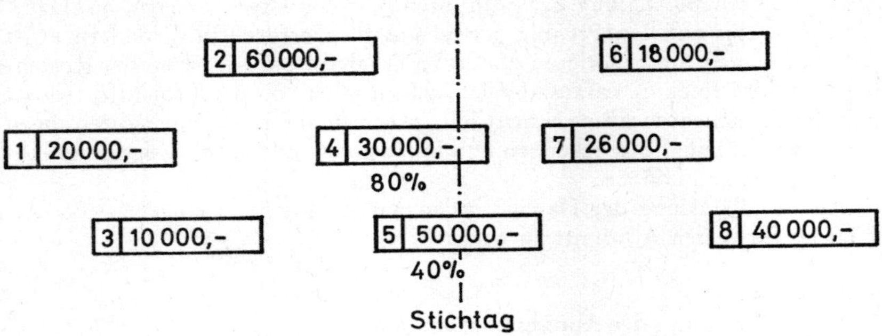

Abb. 6–6: Ermittlung des Arbeitswertes

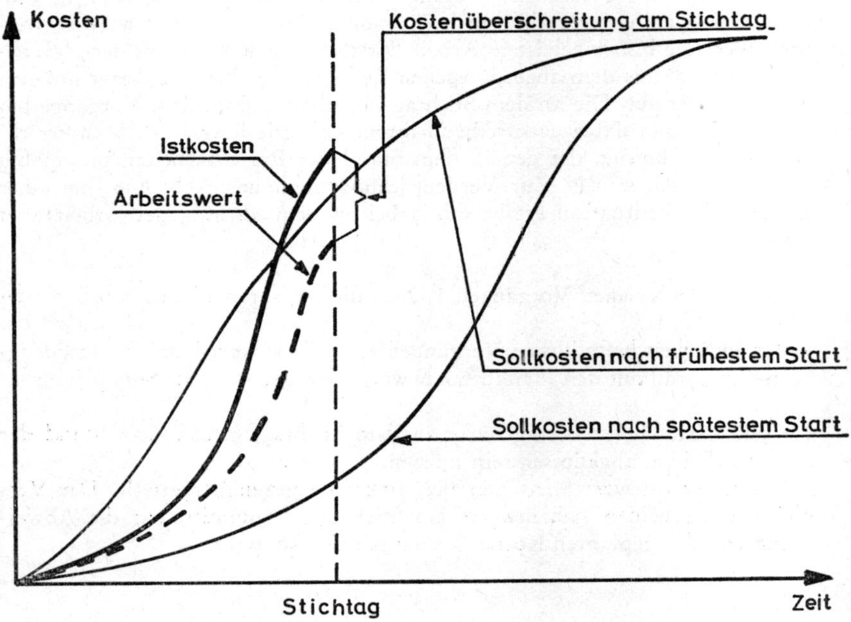

Abb. 6–7: Istkosten des Arbeitswertes

Kapitel 7 Kapazität

Einführung

Die bisher besprochene Planung eines Projektes nach Ablauf, Zeit und Kosten gab schon wichtige Hinweise für die Durchführung eines Projektes. Doch waren diese Ausführungen noch nicht vollständig, da für die vollständige Projektplanung auch Aussagen über die Durchführbarkeit eines Vorhabens unter Berücksichtigung etwaiger Kapazitätsschranken gemacht werden müssen.

Zur Klärung des Problems der Kapazität ist zunächst die Kenntnis des *Kapazitätsbedarfs* und die Gegenüberstellung mit den vorhandenen *Einsatzmitteln* erforderlich.

Dabei verstehen wir unter »Kapazität« ein Wort, das heute schon schlagwortartig verwandt wird, sehr verschiedene Dinge. So kann im Schulwesen die Zahl der Lehrkräfte und ihr Stundensoll »Kapazität« sein. Aber auch Klassenräume und deren Ausstattung sind »Kapazität«. So werden auch Arbeitskräfte als Bewertung oft für Kapazitätspläne zugrunde gelegt. Maschinen, technische Einrichtungen und Materialien sind eine andere Kapazität.

Aus diesen Ausführungen folgt, daß verschiedene Kapazitäten getrennt zu betrachten sind. Auch ist es möglich, aus zwei oder drei verschiedenen Kapazitätsarten *eine* Kombination zu definieren, die sich additiv aus den einzelnen Kapazitäten zusammensetzt. Um jedes Mißverständnis auszuschließen, sei folgendes Beispiel gebracht:

> Professor Dr. med. Sauerbruch, der berühmte Arzt der Dreißiger Jahre, war auch eine Kapazität, aber diese Bedeutung des Wortes »Kapazität« ist eben hier *nicht* geeignet.

Die Kosten können theoretisch als Sonderfall der mit Geld bewerteten finanziellen Kapazität der allgemeinen Kapazitätsbetrachtung eingeordnet werden. Daß man die Kosten trotzdem getrennt betrachtet, liegt daran, daß man sich zumeist auf vorhandene Kostensysteme stützen kann, während bei der Kapazität andere Systeme und Vorarbeiten nur in wenigen Fällen zur Verfügung stehen.

Das unabhängig von Zeitnetzplänen untersuchte Kapazitätsproblem ist außerordentlich umfangreich und komplex. Der für die Lösung des Problems notwendige Aufwand lohnt sich nur selten. Meist versucht man die mit dem Zeitnetzplan gekoppelte Darstellung. Man beschränkt sich darauf, die Pufferzeiten für einen Kapazitätsausgleich auszunutzen. Das völlige Umgestalten der Netzpläne, die sich aus einer vollständigen Kapazitätsuntersuchung ergeben würde, bleibt fast völlig außer Betracht.

Damit sind die Kapazitätsanpassungen stark eingeschränkt. Die Kapazitätsplanung ist nunmehr unter diesen Voraussetzungen eine weitere Bewertung der Knoten im Graphen, eine weitere Information für den Vorgang im Netzplan.

Da bereits bei der Zeitplanung Kapazitätsüberlegungen berücksichtigt wurden und als stillschweigende Bewertung in den Netzplan eingingen, wird man sich auch bei der Zeitschätzung zunächst überlegen, wieviel Arbeit die Durchführung des jeweiligen Vorganges mit sich bringt, mit welchen und mit wieviel Arbeitskräften, technischen Einrichtungen und Maschinen man diese Arbeit am besten ausführt, und wieviel Kapazität zur Verfügung steht.

Bei der Kapazitätsbetrachtung ist also der Vorgang der eigentliche Informations- und Bedarfsträger, denn seine Durchführung erfordert die Bereitstellung und den Einsatz von Arbeitskräften, Maschinen und Materialien.

Auch hier sind nur die Einsatzmittel zu erfassen, die unmittelbar für das Projekt eingesetzt werden.

Ziel der Kapazitätsplanung ist:

→ die Ermittlung der Kapazitäten, über die während der Projektdurchführung verfügt werden muß, und
→ die Gegenüberstellung des Kapazitätsbedarfes zu den vorhandenen Kapazitäten und damit verbunden die Bereitstellung von Daten und Informationen für einen Kapazitätsausgleich.

7.1 Bedarfsermittlung (Soll-Kapazität)

Für jeden Vorgang sind die für seine Durchführung notwendigen Einsatzmittel zu bestimmen, wobei quantitative, qualitative, zeitliche, örtliche und organisatorische Gegebenheiten zu berücksichtigen sind.

Dies bedeutet folglich, daß für jeden Vorgang festzustellen ist,

→ welche Einsatzmittel erforderlich sind,
→ wieviel von diesen Einsatzmitteln benötigt werden,
→ wo sie eingesetzt werden.

Die sich ebenfalls ergebende Frage, wann diese Einsatzmittel benötigt werden, findet ihre Lösung durch die Zeitrechnung des Netzplanes.

Um den Aufwand der Kapazitätsplanung in Grenzen zu halten, bildet man Kapazitätsgruppen, in denen Einsatzmittel zusammengefaßt werden, die im weiteren Sinne austauschbar sind.

Damit sind die für die Durchführung eines Vorganges erforderlichen Arbeitsleistungen des Personals, der Betriebsmittel wie Maschinen, technische Einrichtungen, Materialien und die Zeit, über die sich diese Arbeitsleistung erstreckt, bekannt.

Diese aufgeführte Arbeitsmenge bezeichnet man als *»Arbeitsumfang ›A‹«*.

Wird diese Arbeitsmenge für einen bestimmten Vorgang »j« und von einer bestimmten Kapazitätsgruppe »g« erbracht, dann bezeichnen wir diesen Zusammenhang mit *»A (j, g)«*.

Wir wollen noch die Dauer des Vorganges »j« mit *»D (j)«* abkürzen und mit »h« die Anzahl der Arbeitsstunden pro Planungseinheit bezeichnen, dann können wir auf einfachste Weise die kapazitätsmäßige Belastung errechnen, die bei der Durchführung des Vorgangs auf die Gruppe »g« zukommt.

Diese einfache Rechnung sieht dann wie folgt aus:

$$K(j, g) = \frac{A(j, g)}{D(j)} \cdot \frac{1}{h}$$

Beispiel:

Beträgt der Arbeitsumfang für einen Vorgang 800 Arbeitsstunden für die Verwaltung, seine Dauer 5 Wochen und die wöchentliche Arbeitszeit 40 Stunden, dann sind für die Durchführung dieses Vorgangs

$$\frac{800}{5} \cdot \frac{1}{40} = 4$$

also vier Verwaltungsangehörige erforderlich.

Die graphische Darstellung des Zusammenhangs sehen wir in Abb. 7–1.

Wir wollen dabei davon ausgehen, daß der Arbeitsanfall gleichmäßig über die Zeit verteilt ist. Falls dies nicht der Fall ist, kann man sich damit helfen, den Vorgang in Teilvorgänge aufzugliedern, die jeweils einen gleichmäßigen Arbeitsanfall aufweisen.

Da für jeden Vorgang seine zeitliche Lage aus der Zeitrechnung bekannt ist und die benötigte Kapazität sich aus den bisherigen Überlegungen ergibt, kann man jetzt für jede Kapazitätsgruppe *Bedarfspläne* aufstellen, wobei die im jeweiligen Zeitabschnitt benötigten Kapazitäten addiert werden.

Ebenso wie bei der Kostenplanung ergeben sich auch hier – und darauf sei hingewiesen – *zwei* Bedarfspläne entsprechend der frühesten und der spätesten Lage der Vorgänge.

Diesen Zusammenhang wollen wir an einem Beispiel verdeutlichen:

In Abb. 7–2 ist hierzu ein Netzplan aus nur 5 Vorgängen gezeichnet.

$$K(j,g) = \frac{A(j,g)}{D(j)} \cdot \frac{1}{h}$$

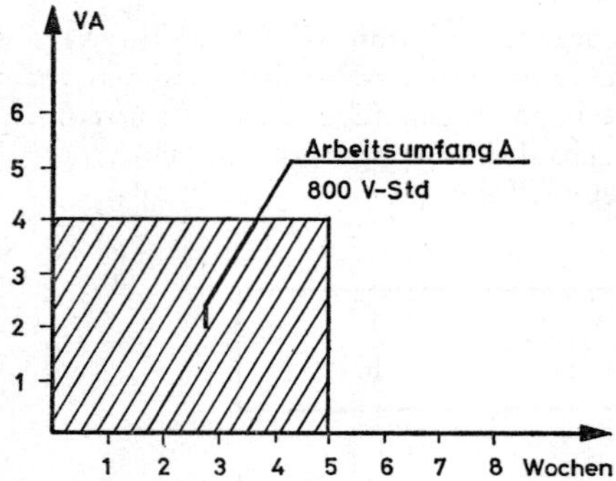

Abb. 7–1: Darstellung des Arbeitsumfangs über der Zeit

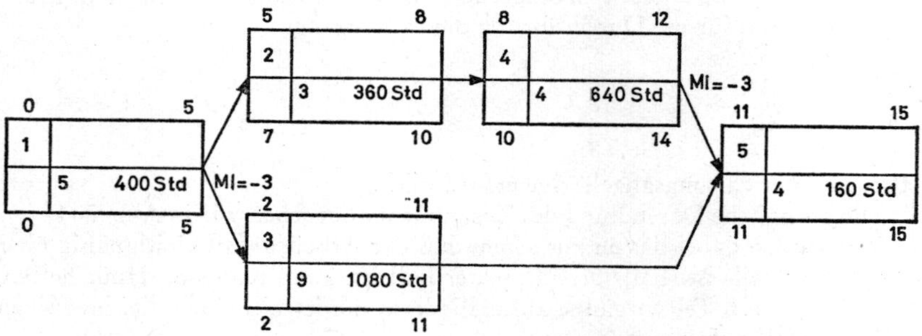

Abb. 7–2: Netzplan aus fünf Vorgängen für die Kapazitätsberechnung

Für diesen Netzplan sind die zeitlichen Lagen der Vorgänge und die Arbeitsumfänge bekannt. Wir errechnen nun mit der Formel von Seite 73 den jeweiligen Kapazitätsbedarf und können damit den Arbeitsumfang graphisch über der Zeit auftragen.

Wir gehen dabei einfachheitshalber und zweckmäßig so vor, daß wir zunächst die kritischen Vorgänge einzeichnen.

Dabei ist zu beachten, daß die Vorgänge dicht gepackt werden.

In unserem Beispiel ist also beim Zeichnen des Vorgangs 3 zu berücksichtigen, daß dieser Vorgang den Vorgang 1 überlappt und nach dem Abschluß von Vorgang 1 unmittelbar auf die Zeitachse aufgetragen werden muß.

Siehe Abb. 7–3 und Abb. 7–4, in denen dieser Sachverhalt dargestellt und die vollständige Bedarfskurve nach dem frühesten und dem spätesten Start gezeigt ist, unter der Voraussetzung, daß eine Planungseinheit (z. B. Woche) aus 40 Stunden besteht.

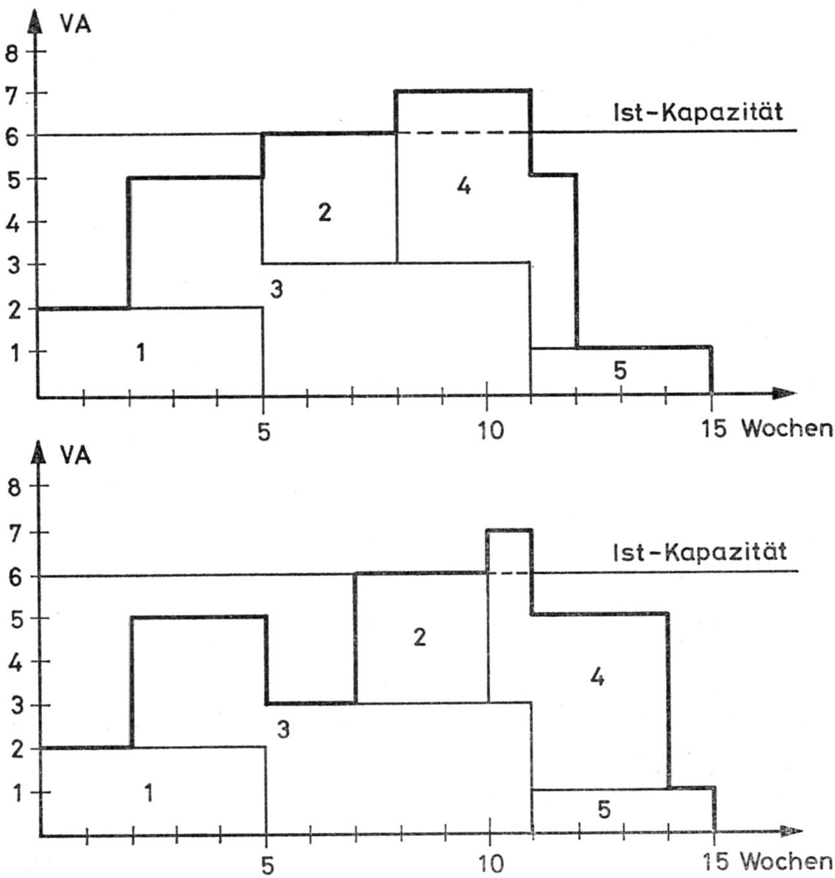

Abb. 7–3: Kapazitätsbedarf nach dem frühesten und spätestem Start

7.2 Ermittlung der verfügbaren Kapazität (Istkapazität)

Für eine vergleichende Gegenüberstellung von »Soll« und »Ist« nach den Ermittlungen des Kapazitätsbedarfes ist nunmehr eine Analyse der vorhandenen Einsatzmittel durchzuführen.

So ist meist die Angabe des Personalstandes oder die Zahl der vorhandenen Maschinen und technischen Anlagen für eine Kapazitätsgruppe zu einem festen Stichtag leicht möglich, falls der Stichtag nicht zu weit in der Zukunft liegt.

Für den gesamten Planzeitraum des Projektes ist aber mit Schwankungen zu rechnen, die durch Zu- und Abgänge, Kündigungen, Ausfälle, Stillstandszeiten, Neuinvestitionen, Arbeitsbeschränkungen usw. bedingt sein können und für eine effektive Planung erfaßt und berücksichtigt werden müssen.

Das Bild eines solchen schwankenden Ist-Zustandes ist in Abb. 7–5 zu sehen.

Zum Verständnis sei noch bemerkt, daß in unserem Beispiel von Abb. 7–2 der Ist-Zustand der Kapazität keinen solchen Schwankungen unterworfen ist, sondern die Zahl der 6 Verwaltungsangestellten während des betrachteten Zeitraums *konstant* bleibt.

7.3 Soll – Ist – Vergleich

Der Vergleich zwischen vorhandener und zur Durchführung benötigter Kapazität soll in erster Linie dazu dienen, die Bereiche aufzuzeigen, die kritisch werden können, und zwar Mangel an Kapazität in zweifacher Hinsicht:

→zum einen *»Kapazitätsmangel«*, der zu einer *Verzögerung* im Ablauf des Projektes führen kann oder

→zum anderen *Unterbeschäftigung* und *Leerlauf*, die Unzufriedenheit und Mehrkosten mit sich bringen.

Übersteigen die dabei auftretenden Abweichungen ein vertretbares Maß, dann müssen *neue* Dispositionen getroffen werden:

→Verschiebung der Vorgänge innerhalb ihrer Pufferzeiten

→Anpassung der Kapazität, wie z. B. durch Überstunden, Sonderschichten, Einstellungen usw.

→Änderung der Vorgangsdauer

→Änderung der Zielsetzung des Projektes.

Durch den Netzplan ist jedoch genau bekannt, wo Engpässe auftreten, welche einfachen Möglichkeiten zu ihrer Behebung vorhanden sind und in anderen Fällen, welche Auswirkungen Entscheidungen haben.

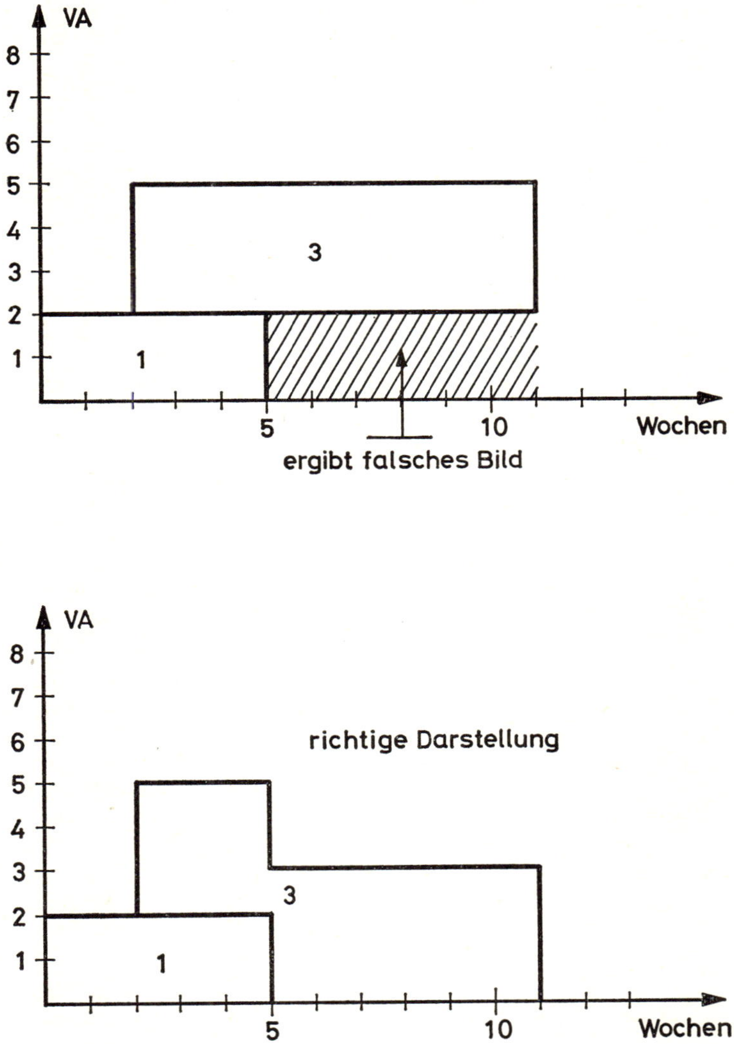

Abb. 7–4: Darstellung von Vorgangsüberlappungen

Auf die Probleme eines vollständigen Kapazitätsausgleiches wollen wir hier nicht genauer eingehen, da die damit verbundenen und zu lösenden Probleme den Rahmen unseres Buches bei weitem übersteigen würden. Auch reichen die einfachen Beispiele, die öfter in Lehrbüchern auftauchen, selbst für die einfachsten Probleme der Praxis nicht aus und lassen sich, im Gegensatz zu den bisher in diesem Buch behandelten Verfahren und Rechnungen, nicht verallgemeinern und jedem verständlich darstellen. Daher dürfen wir auf die im Literaturverzeichnis angegebene Spezialliteratur verweisen, müssen aber den Leser gleichzeitig darauf hinweisen, daß selbst durch den Einsatz großer ADV-Anlagen noch kein allgemein anwendbares Verfahren gefunden worden ist.

Die bisherigen Lösungsversuche, die den Autoren bekannt wurden, gelten nur für spezielle Anwendungsfälle.

Die Entwicklung geht aber weiter, und vielleicht müssen diese Zeilen schon in der nächsten Auflage ergänzt werden.

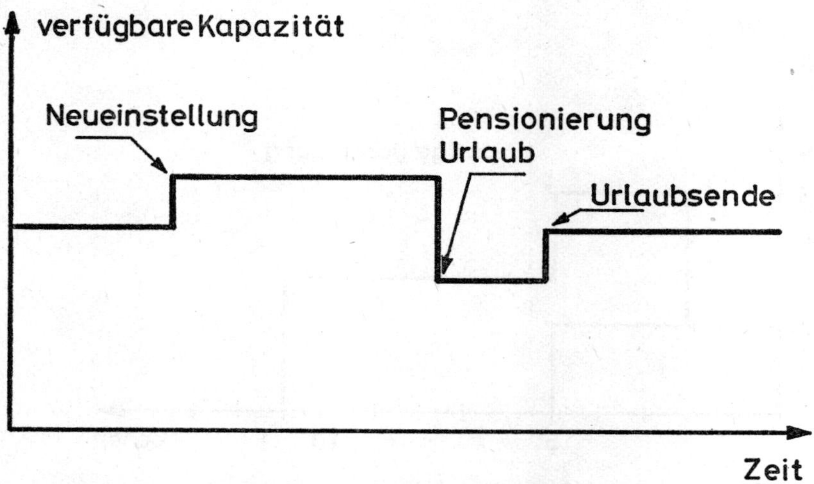

Abb. 7–5: Iststand der verfügbaren Kapazität in der Zeit

Kapitel 8 Netzplantechnik und automatische Datenverarbeitung

Einführung

Die Netzplantechnik hat ihre Vorzüge – wie wir bereits in den vorhergehenden Kapiteln sahen – nicht nur bei der Planung, Steuerung und Überwachung von Projekten mittleren Ausmaßes bewiesen, sondern auch bei kleineren Plänen mit nur etwa 20 bis 100 Vorgängen kommen ihre spezifischen Vorzüge überzeugend zur Geltung.

Jedoch kann die Netzplantechnik gerade bei sehr schwierigen und großen Vorhaben mit ausgezeichneten Erfolgen aufwarten.

Während bei den kleineren Netzplänen die erforderlichen Berechnungen meist ohne größere Schwierigkeiten und ohne Anforderungen an ein mathematisches Verständnis manuell leicht durchgeführt werden können, ist bei größeren Projekten der Einsatz von *automatischen Datenverarbeitungsanlagen* (AVD) zweckmäßig, da sie Zeit, Kosten und Personal ersparen.

Neuerdings setzt sich, von der Universität Köln ausgehend, der Begriff »ADV« mehr und mehr durch. Ihm soll auch hier vor »EDV« der Vorzug gegeben werden.

Dies deshalb, weil *»EDV«* ihren Bezug auf die Verwendung von »elektronischen« Datenverarbeitungsanlagen, also ein umgrenztes Gebiet, legt, während mit *»ADV«* ganz allgemein von *»automatischer«* Datenverarbeitung gesprochen wird.

Dahinter verbirgt sich also lediglich, daß die »ADV« ein weiteres Gebiet umfaßt als die »EDV«.

Deshalb wollen wir im folgenden immer von der »ADV« sprechen.

In vielen Fällen ist die Verwendung von »ADV« die einzige Möglichkeit, mit einem Netzplan sinnvoll zu arbeiten.

Beispiel:
Die riesigen Bauvorhaben für die Olympiade 1972 in München können und konnten nur mittels der Verwendung von Netzplantechnik und ADV mit vertretbarem finanziellen, personellen und organisatorischen Aufwand gesteuert und überwacht werden.

Denn nur mittels Datenverarbeitungsanlagen lassen sich umfangreiche Rechnungen schnell und präzise durchführen, da sonst die Fehlerquote nicht mehr tragbar ist.

Dabei werden die bekannten Eigenschaften eines Computers voll ausgenutzt.

Diese Eigenschaften sind unter anderen:

→hohe Verarbeitungsgeschwindigkeit,
→fehlerfreie Berechnungen auch komplizierter Rechenaufgaben,
→schnelle Sortierungsmöglichkeiten,
→schnelle Zugriffsmöglichkeit.

Diese Eigenschaften kommen bei der Verwendung der ADV innerhalb der Netzplantechnik voll zur Geltung.

Speziell für die Netzplantechnik sind dies folgende Eigenschaften der ADV: (zitiert aus »Netzplantechnik«, VDI-Verlag)

→Die Projektdaten zu speichern und auf den jeweils neuesten Stand verfügbar, d. h. abrufbereit zu halten.
→Sämtliche Rechenabläufe automatisch, exakt und schnell zu erledigen.
→Die Berichte durch Sortieren, Reduktion und Verdichtung der Daten nach dem jeweiligen Informationsbedarf zusammenzustellen.
→Den Soll–Ist-Vergleich korrekt, rasch und vollständig auszuführen.
→Die Daten, insbesondere die Rückmeldungen über den Projektstand auf Widersprüche und wahrscheinliche Fehlerquellen abzuklopfen.
→Auch bei großen und komplexen Projekten Steuerungsmaßnahmen mit kurzer Reaktionszeit zu ermöglichen.

8.1 Wozu und warum »ADV«?

Der Leser, der im Regelfall kein ADV-Spezialist ist, muß, um die Ausführungen in diesem Kapitel zu verstehen, lediglich die Grundtatsachen einer ADV-Anlage kennen.

Erste Grundtatsache:
Die ADVA (= ADV-Anlage) ist keine »Wunderwaffe«, die alles erledigen kann; vielmehr nimmt sie nur die Tätigkeiten dem Menschen ab, die prinzipiell auch vom Menschen selbst erledigt werden können, für ihn aber langweilig und zeitraubende Routine sind und von ihm nicht in der dieser Maschine eigenen Geschwindigkeit, Genauigkeit und Zuverlässigkeit erledigt werden könnten.

Im Falle des Einsatzes der »ADV« bei der Netzplantechnik bedeutet dies also, daß nur die in Abb. 8–1 gekennzeichneten Schritte von der ADV erledigt werden können.

Die ADV übernimmt also lediglich die *Berechnung* des Netzplanes nach Kosten, Zeit und Kapazität, sortiert die berechneten Ergebnisse und druckt sie in Listenform aus.

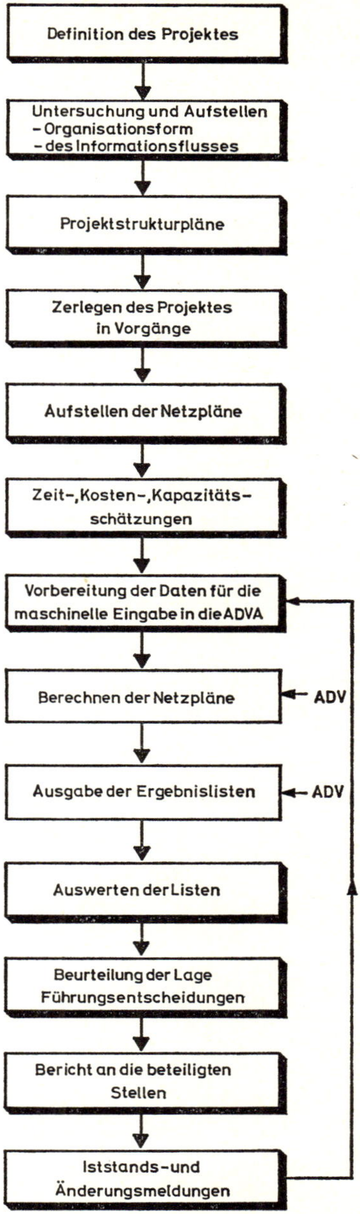

Abb. 8–1: Blockdiagramm der Netzplanverwendung bei einem Projekt – Schritte für die ADV

Das Aufstellen der Netzpläne, die Abgabe der Schätzwerte, die Aufbereitung und das Auswerten der Daten aber, also die eigentlich schöpferischen Arbeiten, bleiben auch weiterhin dem Menschen vorbehalten.

Zweite Grundtatsache
Die Rechenregeln, d. h. die genauen Arbeitsanweisungen, nach denen die bereitgestellten Daten schrittweise verarbeitet werden sollen, sind dem Rechner in Form von sog. »Programmen« mitgeteilt worden.

Für die Netzplantechnik gibt es eine Vielzahl solcher Programme, mit denen aber der Anwender der Netzplantechnik nichts zu tun hat.

Die einzige Arbeit für ihn ist: Ein geeignetes Programm für sein spezielles Vorhaben herauszusuchen.

Dabei sei auf die Vielzahl von »Einführungen in die ADV« verwiesen, die Ihnen hierbei nützliche Hinweise geben können. Einige ausgewählte Bücher für ein erstes Verständnis für die elektronische Datenverarbeitung können auch aus dem beigefügten Literaturverzeichnis als »Leseanregung« entnommen werden.

Auf welche speziellen Punkte Sie aber bei der Auswahl der Programme zu achten haben, wird unter Abschnitt 8.2 gesagt.

Für den Anwender der Netzplantechnik stellt sich aber ein anderes Problem:

Wo sind die Grenzen zwischen manueller Arbeit und automatischer Datenverarbeitung zu suchen und wo sind sie festzulegen?

Eine allgemeine Regel können wir dem Leser wegen der unterschiedlichen Zielsetzung des jeweiligen Projektes und den verschiedenartig gegebenen Möglichkeiten an Zeit, Kosten und ADV-Kapazität nicht an Hand geben.

8.1.1 Kriterien, ob ADV oder nicht?!

Wir wollen versuchen, einige Kriterien anzugeben, nach denen diese Frage – ob ADV oder nicht? – beantwortet werden kann:
1. Kriterium: Größe des Netzplanes
Im allgemeinen lohnt sich der Einsatz von ADV-Anlagen erst bei *mehr als 200 Vorgängen.*
2. Kriterium: Komplexität des Netzplanes
Ist ein Netzplan stark »vermascht« (d. h. der »Vermaschungsgrad wird definiert als Quotient der *Anzahl der Verbindungen* durch Anzahl der Knoten und soll den Wert von 1,3 für die Handrechnung *nicht* übersteigen), oder hat er mehrere Maximalabstände, dann empfiehlt es sich auch bei kleineren Plänen (≦ 200 Vorgänge) ADV anzuwenden.

3. Kriterium: Aufbau des Berichtswesens
Sind an einem Vorhaben verschiedene Stellen, Behörden, Verantwortliche oder Auftraggeber beteiligt, die stark differenzierte, spezielle Informationsbedürfnisse haben, dann schafft der Computer die Voraussetzung für ein gut funktionierendes Berichtswesen, mit dem Störungen, Verzögerungen, Planabweichungen und Kapazitätsausfälle rechtzeitig erkannt, analysiert und durch gezielte Gegenmaßnahmen abgebaut werden können.

4. Kriterium: Häufigkeit von Änderungen
Falls ein Projekt eine häufige Änderung in vielen Teilen des Netzplanes erwarten läßt oder gar erfordert, dann ist auch hier eine ADVA vorzuziehen.

5. Kriterium: Integrierte Planung, Steuerung und Überwachung
Die integrierte Planung, Steuerung und Überwachung eines Projektes nach den Komponenten Zeit, Kosten und Kapazität ist nur mit der ADV möglich.

6. Kriterium: Simulation von Entscheidungsmöglichkeiten
Falls die Netzplantechnik als Entscheidungshilfe für die Bewertung von Alternativlösungen eingesetzt werden soll, ist die Simulation der verschiedenen Lösungswege nur mit Einsatz der ADV exakt und ausreichend schnell zu realisieren.

7. Kriterium: Zugang zu einer ADV-Anlage
Die in Kriterium 1 genannte Zahl hängt natürlich entscheidend von den gegebenen Möglichkeiten zur Benutzung einer ADV-Anlage ab. Ist die Anlage ohnehin vorhanden, sogar schlecht ausgenutzt, so wird man sie in allen Fällen verwenden.

8.2 Welches Programm?

In dem vorhergehenden Abschnitt haben wir bewußt die Frage offen gelassen, welches Computerprogramm wir für die Berechnung unserer Netzpläne verwenden wollen.

Dazu können und wollen wir kein allgemein gültiges »Rezept« geben, sondern wieder in stichwortartigen Kriterien einen Katalog aufstellen, der bei der Beantwortung der Frage, welches ADV-Programm verwendet wird, beachtet werden soll.

Kriterien für die Programmwahl

1. Kriterium: Vorhandene ADV-Anlage
Welche Netzplanprogramme sind für die zu benutzende ADV-Anlage vorhanden?

2. Kriterium: Methode des ADV-Programmes
Welche Netzplanmethode (Vorgangs-Knoten, Vorgangs-Pfeil, Ereignis-Knoten. Siehe auch Band II, in dem die Methoden gegenübergestellt werden!) liegt dem oder den Programmen zugrunde?

3. Kriterium: Inhalt des ADV-Programmes
Welche Parameter (Zeit, Kosten, Kapazität) können integriert berechnet werden?

4. Kriterium: Flexibilität
Enthält das Programm:
→verschiedene Anordnungsbeziehungen
→Abstandsbeziehungen:
  →positive und negative Minimalabstände
  →positive und negative Maximalabstände
→Fixtermine

5. Kriterium: Komfort
Ermöglicht das Programm:
→eine Kalendrierung
→einfachen Änderungsdienst
→automatische Fehlersuche
→einfache Dateneingabe

6. Kriterium: Beschränkungen
Welche Beschränkungen müssen beachtet werden:
→Anzahl der Vorgänge
→Vorschriften für die Numerierung
→Anzahl der Kostenstellen und Kostenarten
→Anzahl der Kapazitätsgruppen
→Vermaschungsgrad
→Teilnetze
→Anzahl der Ebenen des Projektstrukturplans
→Anzahl der Teilaufgaben pro Ebene des Projektstrukturplans

7. Kriterium: Berichtswesen
Können mit den Programmen folgende Arbeiten vorgenommen werden:
→Sortierungen nach:
  →Zeitangaben
  →organisatorischen Gesichtspunkten
  →Kosten
  →Kapazitäten
  →Teilnetzen

→Teilaufgaben
→Arbeitspaketen
→Auswahl von Ereignissen
→Dokumentation des Projektablaufes

8. Kriterium: Ausgabe
Erlaubt das Programm folgende Arbeiten:
→Gestaltung des Listenbildes durch den Benutzer
→graphische Ausgabe von:
→Balkenplan
→Kostenkurven
→Kapazitätsdiagrammen

9. Kriterium: Ausstattung der ADV-Anlage
Welche Speichergröße und welche Peripheriegeräte verlangt das Programm von der ADV?

10. Kriterium: Rechenzeit
Welche Rechenzeit erfordert das Programm auf der ADV?

11. Kriterium: Service
Welchen Service bietet der Programmhersteller in bezug auf?
→Programmbeschreibung
→Installation
→Fehlerbehebung
→Sonderwünsche des Benutzers
→Programmanpassung an veränderte Daten
→Beratung bei speziellen Fragen und Problemen
→Programmweiterentwicklung

12. Kriterium: Programmkosten
Wieviel verlangt der Hersteller für:
→Programm oder Programme
→Service
→Installation
→Beratung
→Kundendienst bei Ausfall

Wie nun aber die Informationen aus dem Netzplan für den Computer »aufbereitet« werden, d. h. »Maschinengerecht zubereitet« werden, soll uns der nächste Abschnitt zeigen.*

* Ein Teil der Kriterien und die Listen auf S. 86 u 87 sind aus Gutsch u. a. »Integrierte Zeit- Kosten und Kapazitätsplanung« entnommen.

NPT-Programme im Vergleich

	CPM	GRASP	PCS	PERT	PERT TIME/COST	PMS	PPS	PRECE-DENCE	SINETIK	TELEPERT
I. *Anwendungsmöglichkeiten*										
1. Typische Einsatzgebiete			Bauvorhaben Organisationsprojekte							
2. Programmteile	Zeitplanung Berichtsystem	Zeitplanung Kapazitätsplanung Berichtsystem	Zeitplanung Kostenplanung Berichtsystem	Zeitplanung	Zeitplanung Kostenplanung Kapazitätsplanung	Zeitplanung Kostenplanung Kapazitätsplanung Berichtsystem	Zeitplanung Kostenplanung Kapazitätsplanung Berichtsystem Datenwartung Projektüberwachung	Zeitplanung	Zeitplanung Kostenplanung	Zeitplanung Kostenplanung Kapazitätsplanung
II. *Netzplanmethode*										
1. Netzplanstruktur	tätigkeitsorientiert	tätigkeitsorientiert	tätigkeitsorientiert ereignisorientiert	ereignisorientiert	tätigkeitsorientiert ereignisorientiert	tätigkeitsorientiert	tätigkeitsorientiert ereignisorientiert	tätigkeitsorientiert	tätigkeitsorientiert ereignis orientiert	ereignisorientiert
2. Anwendbare Verfahren	CPM	CPM	CPM MPM	PERT	PERT	CPM	CPM HMN MPN PPS	MPM	CPM MPM PERT	CPM PERT
3. Berücksichtigte Restriktionen		Termine Kapazitäten	Termine		Termine Kapazitäten	Termine Kapazitäten	Termine Kapazitäten	Termine	Termine Kapazitäten	Kapazitäten
4. Mögliche Anzahl d. Schätzwerte f. Planungspara-	eins	eins	eins	mehrere	mehrere	mehrere	mehrere	eins	mehrere	mehrere

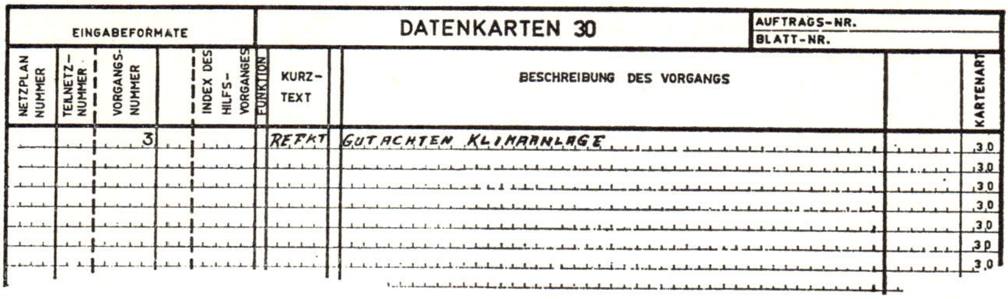

Abb. 8–3: Datenkarte 30 für den Vorgang 03

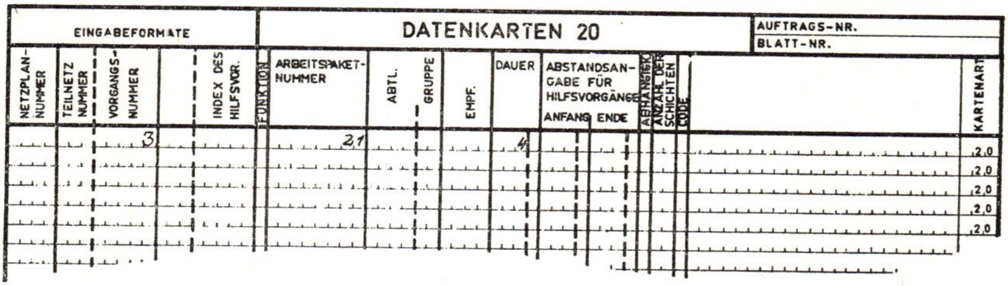

Abb. 8–4: Datenkarte 20 – Zuordnung zum Arbeitspaket

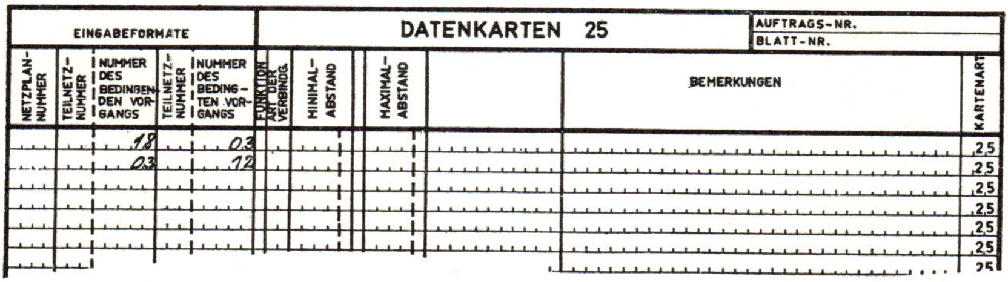

Abb. 8–5: Datenkarte 25 für Anordnungsbeziehungen

Dabei ist folgendes zu beachten: Jede Verbindung muß angegeben werden, wobei eine Zeile pro Verbindung ausgefüllt werden muß.

In unserem Beispiel sind die Anordnungsbeziehungen 18–03 und 03–12 angegeben.

Mit diesen Angaben ist der Vorgang für die Zeitrechnung identifiziert und mit den notwendigen beschreibenden und quantitativen Daten (Dauer, Anordnungsbeziehungen) für die ADV-Bearbeitung versehen.

Für jede Zeile einer Datenkarte muß eine Lochkarte gelocht werden (siehe hierzu Abb. 8–7 und 8–8, in der für die Datenkarten 25 und 30 der

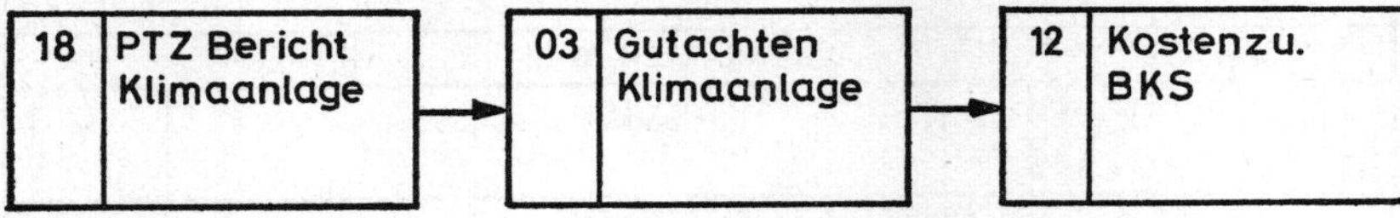

Abb. 8–6: Reihenfolge der Knoten (zu den Anordnungsbeziehungen)

Aufbau der Lochkarten gezeigt ist), denn die ADVA kann die Daten nur verarbeiten, wenn sie in maschinengerechter, d. h. maschinenlesbarer Form vorliegen.

8.4 Datenausgabe

Auf die Beschreibung der zwischen der Dateneingabe und Datenausgabe liegenden Verarbeitung durch die ADVA wollen wir verzichten, da sich dieses Buch hauptsächlich an den Anwender der Netzplantechnik wendet.

Jedoch haben wir aus der Vielzahl der möglichen Ausgabelisten auf den folgenden Seiten einige besonders aufschlußreiche ausgesucht, die mit dem PPS-System berechnet wurden.

Die Netzpläne und den Aufbau der Listen kennen wir bereits aus den vorhergehenden Kapiteln, so daß die Listen ohne Erklärungen verständlich sind.

Auf die Anwendung der Listen in der praktischen Arbeit werden wir im folgenden Kapitel unter Abschnitt 9.3 über Informationssystem und Berichtswesen eingehen.

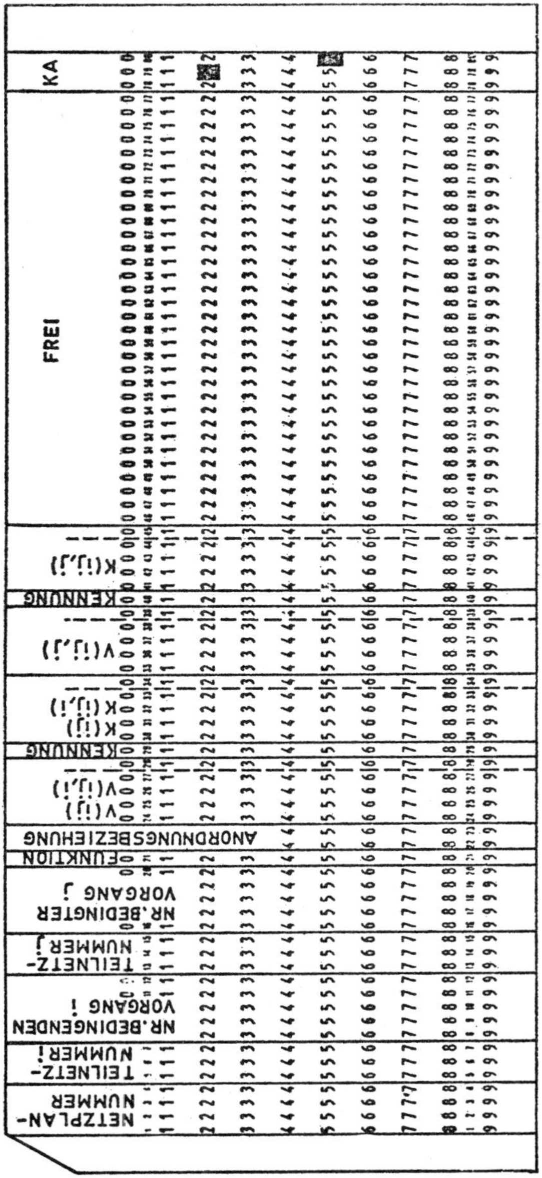

Abb. 8–7: Abbildung der Lochkarte zu den Datenkarten – Anordnungsbeziehungen und Abstände

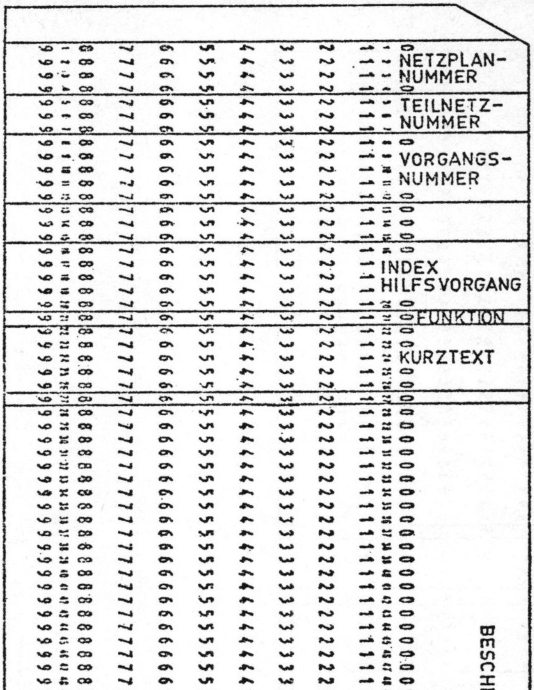

Abb. 8–8: Abbildung der Lochkarte zu den Datenkarten – Vorgangsbeschreibung

Kapitel 9 Anwendung der Netzplantechnik

Einführung

Dem eigentlichen Netzplan folgen, wie wir schon in den vorhergehenden Kapiteln dargestellt haben, zahlreiche Auswertungen, eine Phase der Interpretation der Ergebnisse. Es sei hier noch einmal darauf hingewiesen, daß die Netzplantechnik ein *Hilfsmittel* ist, das dem Verantwortlichen helfen soll, sein Projekt termingerecht, zu angemessenen Kosten und im Rahmen der vorhandenen Kapazität zu einem erfolgreichen Abschluß zu führen. In den meisten Fällen sind die Netzpläne selbst nicht übersichtlich genug, viel zu reich an Daten, um der Führung unmittelbar als Unterlage zu dienen. Bei kleineren Netzplänen kann der Führende lernen, den Netzplan unmittelbar zu interpretieren. Aber auch hier sind Auszüge, Aufstellungen, graphische Darstellungen und Kurzberichte vorzuziehen.

Alle Stufen der Projektplanung und -durchführung mit Netzplan bilden einen Regelkreis, den wir bereits vereinfacht in Abb. 8–1 kennengelernt haben und in diesem Kapitel noch ausführlich besprechen werden. Was als Ergebnis gewonnen wird, muß den vorhergehenden Stufen wieder zugutekommen. Das Ziel einer integrierten Planung, Steuerung und Überwachung von Projekten läßt sich nur erreichen, wenn der Regelkreis solange immer wieder durchlaufen wird, bis notwendige Änderungen auf keiner Stufe mehr angezeigt sind.

Auf das große Problem der Gewinnung von Netzplandaten in der Verwaltung oder in einem Betrieb werden wir in Abschnitt 9.4. eingehen.

Daß der Netzplan für sich allein betrachtet keine gute Lösung ist, wenn er einer Verwaltung oder einem Betrieb ohne Änderungen der Organisation aufgeprägt wird, haben wir gesehen. Die erfolgreiche Durchführung der Projekte ist das übergeordnete Ziel.

Die Anwendung der Netzplantechnik soll die Führung von Einzelheiten entlasten, auf wesentliche Dinge aufmerksam machen, und das Führungsmittel schaffen, das eine beweglichere, raschere Arbeit durch schnellere Entscheidungen ermöglicht.

Da auch durch den Netzplan ein Zahlenfriedhof entstehen kann, müssen oft Auszüge und kurze Übersichten eigens hergestellt werden. Die bewährten Hilfsmittel wie Teilnetze und Meilensteinpläne werden wir in diesem Kapitel kennenlernen.

Das gesamte System der Projektplanung, -steuerung und -überwachung mit Netzplänen ist nur zu einem ganz bestimmten Teil automatisch durchführbar, wie wir bereits in Kapitel 8 aufgezeigt haben. Die Berücksichtigung der Änderungsmeldungen, das Durchrechnen der Netzpläne, das Sortieren und Ausdrucken der Listen läuft automatisch auf dem Computer ab. Auch können Kostenübersichten und Kapazitätsdiagramme automatisch mit einem geeigneten Plotter gezeichnet werden. Die wesentlichen Teile des Systems sind jedoch manuelle menschliche Arbeit. Und gerade das Ineinandergreifen von automatischer Datenverarbeitung und manueller Tätigkeit des Menschen – wobei letzte nur an den Stellen erforderlich wird, die den Geist des Menschens benötigen – ist typisch für diese Art der Projektplanung und -durchführung und für ihren Erfolg.

Im ganzen ist der Mensch wichtiger als die Methode. Nur durch klardenkende, vorausschauende, kritische Menschen läßt sich eine erfolgreiche Projektdurchführung ermöglichen.

9.1 Teilnetze – Meilensteine

Wir haben bereits in der Einleitung zu diesem Kapitel ausgeführt, daß auch die Netzplantechnik durch die Datenflut und die Fülle der Einzelinformationen die Gefahr in sich birgt, Zahlenfriedhöfe entstehen zu lassen. Die Detailinformationen sind zwar die Grundlage für das Aufstellen und Berechnen des Planes und für die steuernden Eingriffe in den Projektablauf, erschweren aber die Führung des Projekts, die nach den wesentlichen und kennzeichnenden Informationen verlangt. Dieser Schwierigkeit begegnet man mit der *Meilenstein-* und *Teilnetztechnik*.

Bei der Anwendung der Teilnetztechnik wird der umfassende Gesamtplan in mehrere Teilnetze zerlegt. Die im Gesamtplan bestehenden Anordnungsbeziehungen und Abstände dürfen dabei natürlich nicht geändert werden. Teilnetze können nach verschiedenen Gesichtspunkten gebildet werden.

→Teilnetze nach organisatorischen Gesichtspunkten
→Teilnetze nach der funktionellen Aufgliederung des Projektes
→Teilnetze nach zeitlichen Gesichtspunkten

Die Teilnetze enthalten alle Detailinformationen und erleichtern oder ermöglichen erst die Arbeit mit dem Gesamtplan. Denken wir z. B. an ein Projekt, an dem verschiedene zum Teil sogar konkurrierende Unterauftragsnehmer mitarbeiten. Man gibt dann jedem Unterauftragsnehmer nur den Ausschnitt aus dem Netzplan (das Teilnetz), der die von ihm zu bearbeitenden Vorgänge zum Inhalt hat. Oder in der Planungsphase erstellt jeder Unterauftragsnehmer den Ablauf seines Teilprojektes in einem Teilnetzplan, der dann von dem Hauptauftragsnehmer zu einem Gesamtplan zusammengefügt wird. Auch in der Durchführungsphase werden nur die betreffenden Informationen für die einzelnen beteiligten Stellen freigegeben.

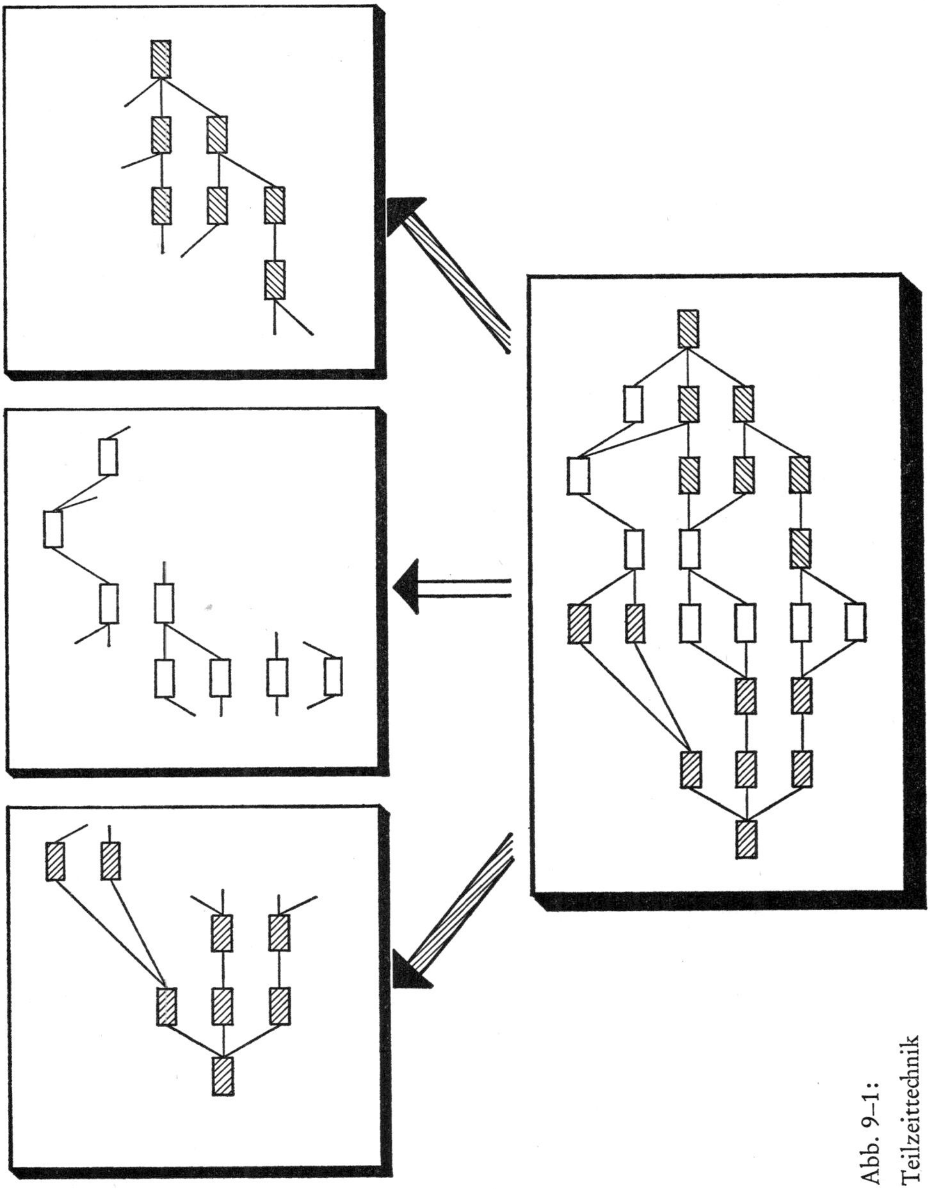

Abb. 9–1: Teilzeittechnik

Bei großen Projekten ist außerdem der Gesamtplan zu umfangreich, so daß nur Planausschnitte in Form von Teilnetzen, nach Projekt- oder Zeitgesichtspunkten geordnet, betrachtet werden.

Jeder Vorgang enthält neben seiner Vorgangsnummer auch die Nummer des Teilnetzes, dem er zugeordnet ist. In unserem Vorschlag für die Aufteilung der Vorgangskästchen steht die Teilnetznummer links oben. (s. Abschnitt 4.7)

Bei den Teilnetzen werden also Ausschnitte aus dem Gesamtplan betrachtet, die aber stets alle Detailinformationen enthalten. Es werden dabei aber keine Informationsverdichtungen vorgenommen, die für die einzelnen Führungsebenen wichtig sind, sondern es wird lediglich eine Informationsauswahl getroffen.

Die für das Fällen von Entscheidungen so wichtige Informationsverdichtung kann mit der *Meilensteintechnik* durch sogenannte *Meilensteinnetze* vorgenommen werden.

Im Ablauf eines jeden Vorhabens gibt es besonders wichtige Ereignisse, deren Aufeinanderfolge den Ablauf in einer verdichteten Form widerspiegeln. Dazu werden die Ereignisse, also der Anfang oder das Ende des wichtigen Vorgangs, durch kleine Kästchen gekennzeichnet. (siehe Abschnitt 4.7) Links (rechts) auf das Vorgangskästchen werden die Meilensteine gesetzt, falls der Anfang (das Ende) des betreffenden Vorgangs wichtig ist. Aus dem Netzplan erkennt man, wie die Meilensteine zeitlich und logisch aufeinanderfolgen. Der Weg zwischen zwei Meilensteinen, der sich im Netzplan über mehrere Vorgänge erstrecken kann, wird im Meilensteinplan durch einen Pfeil dargestellt. Die Zeitpunkte (früheste und späteste) und Termine für die Meilensteine ergeben sich aus den Zeitpunkten der jeweiligen Vorgänge.

Der Meilensteinplan gibt also einen Überblick über die Terminsituation der wichtigsten Ereignisse im Projektablauf.

Um für verschiedene Berichtsebenen unterschiedlich verdichtete Meilensteinberichte erstellen zu können, werden für jedes Projekt mehrere Meilensteinnetze aufgebaut, die, wie in Abb. 9–2* dargestellt, auseinander hervorgehen. Wir wollen in diesem Fall von Meilensteinnetzen für verschiedene Informationsebenen sprechen.

Der Zusammenhang zwischen unseren drei hauptsächlichen Instrumenten, dem Projektstrukturplan, Netzplan und Meilensteinplan ist aus Abb. 9–3* ersichtlich.

* Die Abbildungen sind aus: Gutsch u. a. »Netzplantechnik« entnommen.

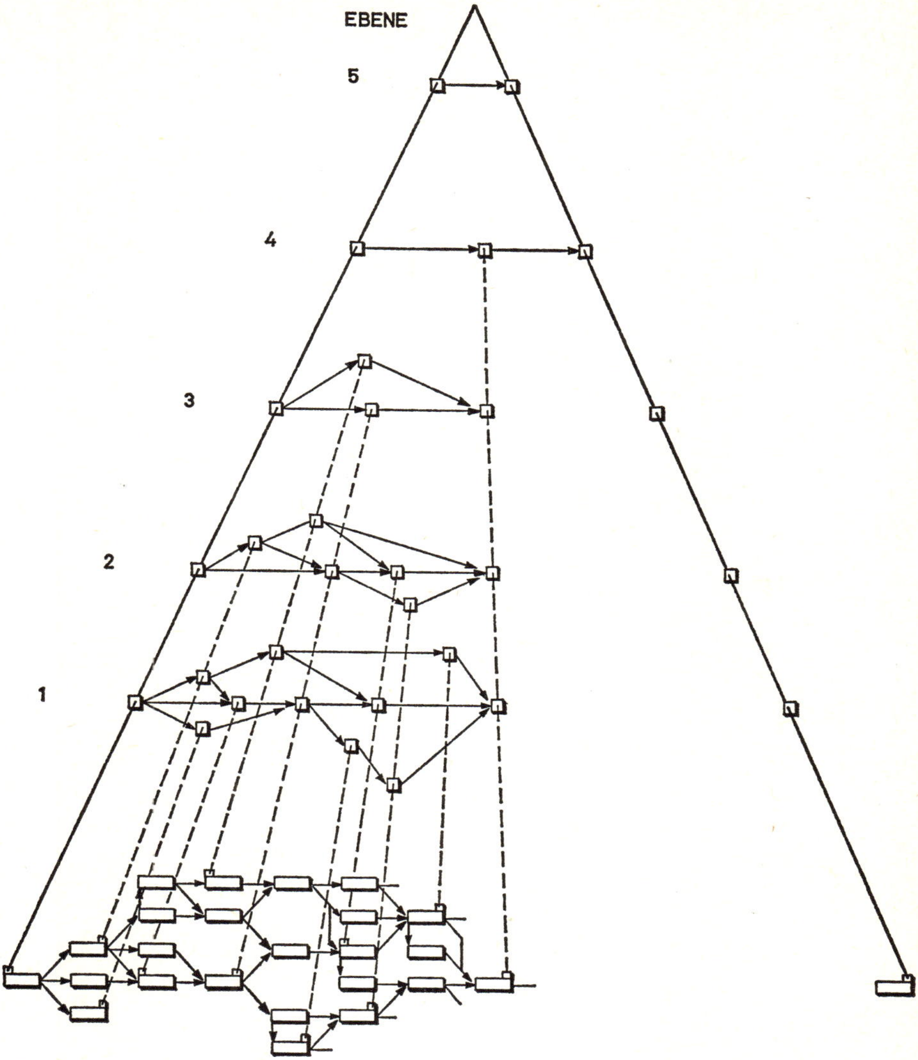

Abb. 9–2: Meilensteinnetze für verschiedene Informationsebenen

9.2 Projektorganisation

Die drei Planungsinstrumente, die wir noch einmal in Abb. 9–3 dargestellt haben, erscheinen uns einleuchtend und leicht verständlich. Zusammen geben sie ein treffendes Abbild des Projektablaufes. Für die Durchführung des Projektes ist jedoch, wie schon mehrfach erwähnt, der organisatorische Rahmen wichtig, innerhalb dessen das Projekt ablaufen soll. Es ist nicht Aufgabe dieses Buches, ausführlich auf die damit verbundene Problematik und die verschiedenen Lösungsmöglichkeiten einzugehen. Wir wollen uns darauf beschränken, daß, vom Standpunkt der Netzplantechnik aus betrachtet, an der Realisierung des Projektzieles drei Gruppen mitarbeiten, und daß deren gegenseitige Abhängigkeiten und Beziehungen klar geregelt sein müssen. Dies sind

→Projektleitung/Systembeauftragter
  verantwortlich für die
  →Planung
  →Koordination
  →Steuerung
  →Überwachung
    der Projektarbeiten

→ausführende Stellen
  verantwortlich für die
  →sachgerechte Durchführung
    der Projektarbeiten

und die

→Netzplantechniker
  verantwortlich für das
  →Erfassen
  →Aufbereiten
  →Berechnen
  der Daten, die für die Entscheidungen der Projektleitung notwendig sind.

In Abb. 9–4 ist die einfachste Organisationsstruktur der beteiligten Stellen dargestellt.

In Band II werden wir ausführlicher auf die verschiedenen organisatorischen Möglichkeiten eingehen und die Hauptformen mit ihren Vor- und Nachteilen gegenüberstellen.

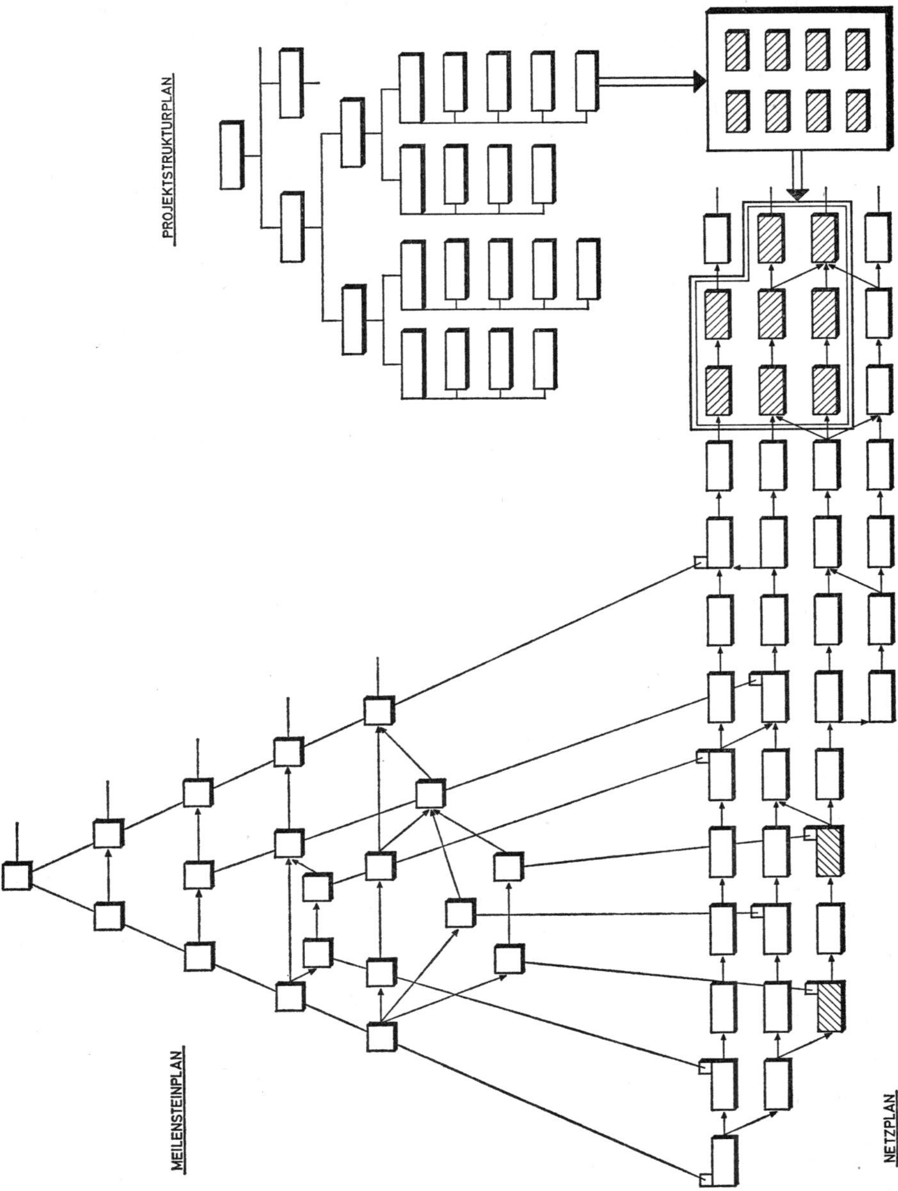

Abb. 9–3: Meilenstein – Netzplan und Projektstrukturplan

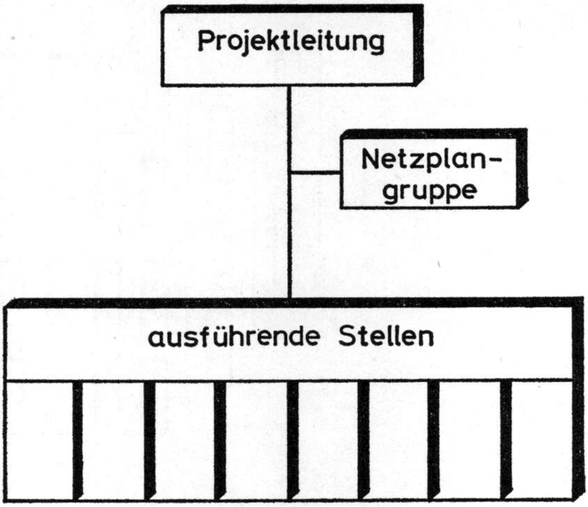

Abb: 9–4: Organisationsstruktur des Projektes

9.3 Informationssystem

Der Netzplan hat uns bereits während der Planungsphase durch seine Systematik gezwungen, den Ablauf des Projektes im voraus zu durchdenken und zu planen. Dies ist bereits ein großer Gewinn für das Gelingen des Projektes. Seine eigentliche Bedeutung erhält der Plan aber erst dadurch, daß er in der Durchführungsphase zur Richtschnur des Projektfortschrittes wird und an ihm der Erfolg der geleisteten Arbeiten gemessen werden kann. Dadurch wird der Netzplan zur Basis eines den Projektablauf beschreibenden Informationssystems.

Nach der Entscheidung über den Starttermin des Projekts kennt der Projektleiter die genaue terminliche Lage der einzelnen Vorgänge. Er kann nun, bevor er die Plantermine für verbindlich erklärt, die Vorgänge zeitlich enger oder genau festlegen. Dabei wird er in Absprache mit den durchführenden Stellen, z. B.

→ Termine berücksichtigen, die von außen vorgegeben sind (z. B. bei einem Bauprojekt darauf achten, daß während der Monate mit voraussichtlich starkem Frost keine Außen- oder Rohbauarbeiten durchgeführt werden können)

→ Beschränkungen beachten, die sich dadurch ergeben, daß an einem Ort mehrere Projekte gleichzeitig ausgeführt werden.

Dazu stehen ihm folgende netzplantechnische Möglichkeiten zur Verfügung.

→Vorgegebener frühester Anfangstermin
Dieser Termin bildet eine untere Schranke für den frühesten Anfang eines Vorganges.

→Vorgegebener spätester Endtermin
Dieser Termin bildet eine obere Schranke für das späteste Ende eines Vorganges.

→Vorgegebenes verbotenes Zeitintervall
Während dieses Zeitintervalls können Vorgänge nicht ausgeführt werden.

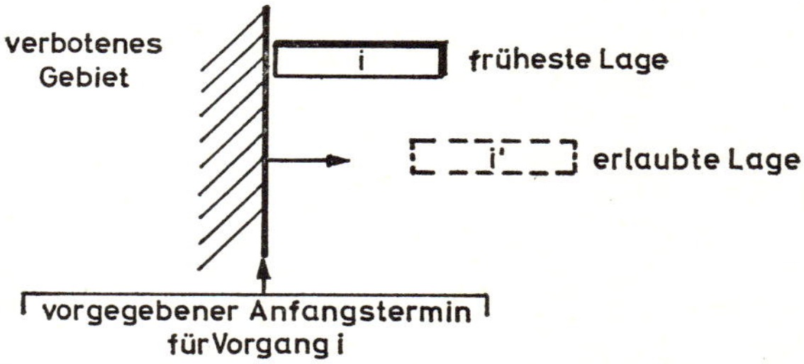

Abb. 9–5: Darstellung mit frühestem Anfangstermin

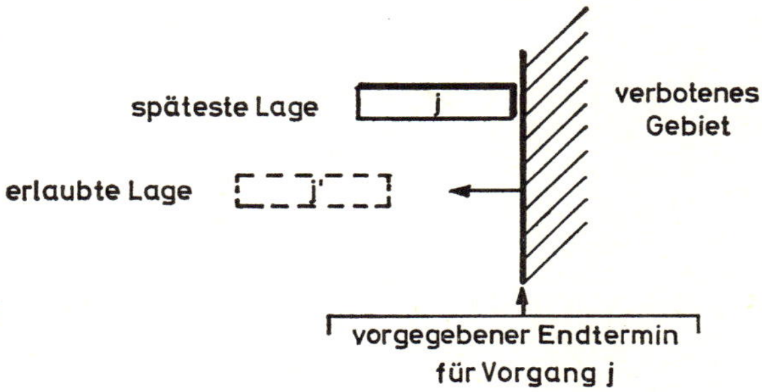

Abb. 9–6: Darstellung mit spätestem Endtermin

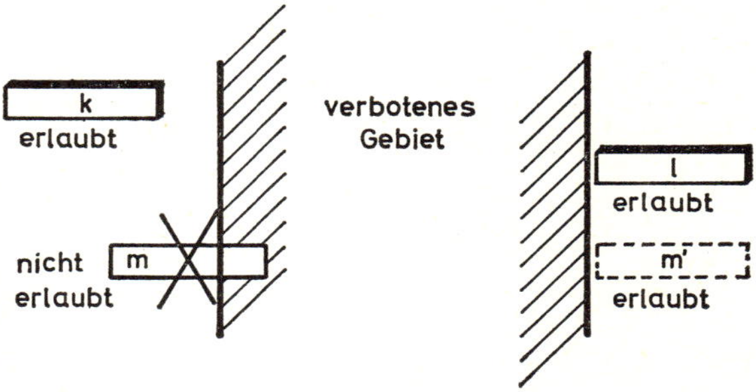

Abb. 9–7: Darstellung des verbotenen Zeitintervalls (Gebiet)

→Fixtermin
Es können für den Anfang oder das Ende eines Vorgangs Fixtermine vorgegeben werden, die in der Zeitrechnung unbedingt einzuhalten sind.

Durch das Festlegen von Terminen können Widersprüche in der Netzplanstruktur auftreten, die durch negative Pufferzeiten sichtbar werden.

Bei der Überprüfung eines Planes müssen von der Projektleitung zunächst diese negativen Pufferzeiten beseitigt werden. Dies kann geschehen durch

→Verkürzen von Vorgangsdauern
→Überlappen
→Ändern der Struktur.

Die Planung mit den errechneten und vorgegebenen Plandaten wird von der Projektleitung für verbindlich erklärt und in Form von Listen an die ausführenden Stellen geschickt. Jede Stelle erhält nur die Daten der Vorgänge, die von ihr durchgeführt werden. Außerdem kann die Projektleitung eine Auswahl der Daten treffen (z. B. Pufferzeiten und späteste Anfangs- und Endtermine nicht bekanntgeben und sich damit den Spielraum für Entscheidungen vorbehalten). Gleichzeitig mit den Listen der Plandaten werden Rückmeldelisten angegeben, mit denen Ist-Daten und absehbare Planänderungen der Projektleitung gemeldet werden. Den Aufbau solcher Listen werden wir in Band II an verschiedenen Beispielen kennenlernen.

Der Rückfluß der Informationen muß in genau festgelegten Zeitabständen erfolgen, damit die für die Leitung des Projektes verantwortlichen Stellen stets über den Stand des Projektfortschritts informiert sind. Als Faustregel für die Berichtintervalle gilt, daß der zeitliche Abstand zweier aufeinanderfolgender Berichte stets der durchschnittlichen Dauer der Vorgänge entsprechen soll.

Auf weitere Möglichkeiten der Datenfassung werden wir im folgenden Abschnitt eingehen.

Die durch die Rückmeldungen bei der Projektleitung eintreffenden Daten werden mit den Plandaten verglichen. Durch einen derartigen Soll-Ist-Vergleich wird es dem Projektverantwortlichen möglich, den Verlauf des Projektes zu beurteilen. Der Netzplan bietet ihm dazu die Grundlagen für seine Entscheidungen. Aus dem Netzplan kann er ersehen, wie groß der Einfluß der Störungen oder Verzögerungen auf das Gesamtprojekt ist. Er kann genau lokalisieren, welche Vorgänge betroffen werden und damit in seine Überlegungen mit einbezogen werden müssen. Aus dieser Kenntnis kann er Anordnungen treffen und den ausführenden Stellen mitteilen. Dabei muß sichergestellt sein, daß seine Anweisungen noch auf dieselbe Projektlage treffen, die sie ausgelöst hat. Es sollte nicht geschehen, daß das Projekt in der

Zwischenzeit soweit fortgeschritten ist, daß die Anordnungen ins Leere treffen. Die Anweisungen führen zu einem neuen Netzplan, nach dem das Projekt weiter fortgesetzt wird. Der Kreislauf, der in Abb. 9–8 als Regelkreis dargestellt ist, wiederholt sich, bis das Projekt erfolgreich abgeschlossen ist.

9.4 Datenermittlung – Datenaufbereitung

Bei den bisherigen Ausführungen sind wir stets davon ausgegangen, daß die erforderlichen Daten zur Verfügung stehen. Bei den überwiegend für technische Projekte verwendeten Netzplänen sind die Vorgänge mit ihrem Zeitbedarf, ihren Kosten und ihren Kapazitäten in der Zeit schon von vornherein quantitativ bekannt. Zusammen mit den zuständigen Fachleuten können der Projektleiter und die Netzplantechniker untersuchen, welche Arbeiten durchgeführt werden müssen, um die in den Arbeitspaketen definierten Ziele zu erreichen. Diese Vorgänge werden zweckmäßigerweise in einer Vorgangsliste zusammengestellt und mit den notwendigen Angaben über

→Vorgangsdauer
→Kostenschätzungen

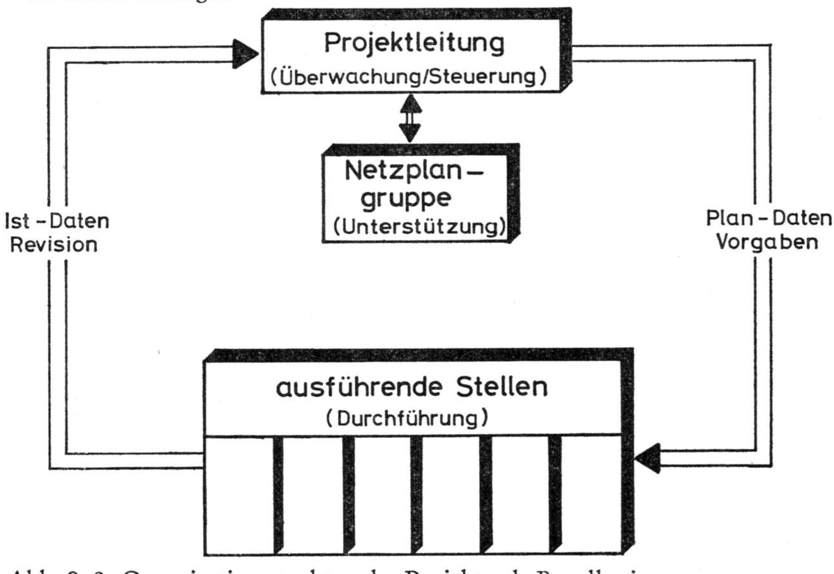

Abb. 9–8: Organisationsstruktur des Projekts als Regelkreis (Vergleich mit Abb. 9–4)

→erforderliche Kapazität
→ausführende Stellen und deren
→vorhandene Kapazität
vervollständigt.

Erst nach der Ermittlung der vollständigen Vorgangsliste sollte man beginnen, den detaillierten Netzplan aufzustellen. Es erweist sich dabei als vorteilhaft, schon vorher einen groben Netzplan *(Rahmennetzplan)* zu zeichnen, um sich einen Überblick über den Projektablauf zu verschaffen. Außerdem kann dieser Netzplan zusammen mit dem Projektstrukturplan ein Modell der Berichtswege enthalten. Daraus kann man dann sämtliche Stellen ersehen, von denen Daten beschafft werden müssen.

Die Datenbeschaffung muß auf jeden Fall bei den ausführenden Stellen erfolgen. Dabei sind oft große Widerstände zu überwinden, denn viele betrachten vor allem dann, wenn Netzplantechnik neu eingeführt wird, dieses neue Verfahren zunächst als ein gegen sie gerichtetes Kontrollinstrument. Aus diesem Grund müssen die Schätzwerte sorgfältig überprüft werden. Dazu helfen neben den Erfahrungen der Fachleute auch die gesammelten Daten ähnlicher Projekte. Es ist daher wichtig, den Verlauf des Projektes genau aufzuzeichnen, um für kommende Projekte eine Datenreserve zu haben und um die Datenangaben der Mitarbeiter einordnen zu können. Eine erfahrene Netzplangruppe wird sehr bald wissen, wieweit sie den Schätzungen der einzelnen Fachleute Glauben schenken darf.

Während der Projektdurchführung kann die Rückmeldung der Ist-Daten auf drei Weisen erfolgen:

→mit Rückmeldelisten
→durch persönliche Befragungen
→durch Meetings

Die Anwendung von Rückmeldelisten ist dann angebracht, wenn viele oder räumlich entfernte Stellen an dem Projekt mitarbeiten, oder wenn beides zusammentrifft. Es empfiehlt sich, mit genormten Listen zu arbeiten, deren Aufbau wir in Band II kennenlernen werden.

Die Aufnahme der Ist-Daten durch den Projektleiter oder die Netzplantechniker ist bei Projekten zu empfehlen, bei denen die ausführenden Stellen örtlich zusammengefaßt sind. Dabei ist es dem Projektleiter möglich, mit den für die Durchführung Verantwortlichen den Ablauf zu besprechen und bei Störungen erste Ansätze für Korrekturen zu erkennen.

Meetings sind dann angebracht, falls die benötigten Informationen nur gemeinsam von mehreren Stellen erarbeitet werden können.

Die Aufbereitung der Daten sollte am besten in einer eigenen Datenaufbereitungsgruppe erfolgen, um den Projektleiter und die Netzplantechniker

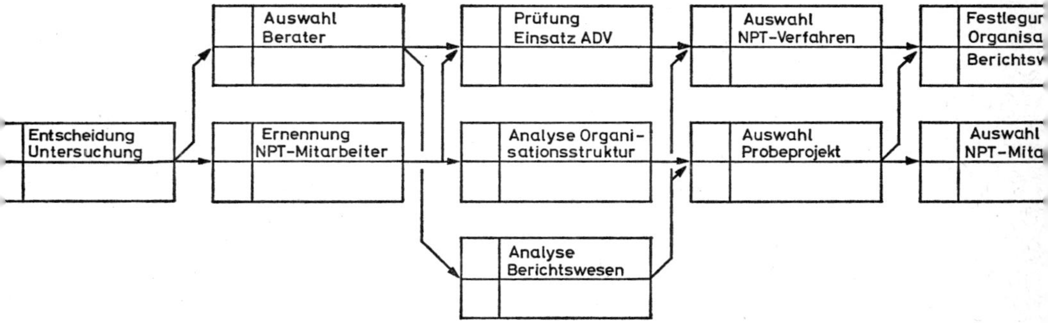

Abb. 9–10: Ablauf der Einführung der Netzplantechnik

9.5 Einführung der Netzplantechnik

Die Einführung eines neuen Systems für die Planung, Steuerung und Überwachung von Projekten bringt wie jede Umstellung in der Übergangsphase erhöhten organisatorischen Aufwand und Reibungen mit sich. Um diese unvermeidlichen Schwierigkeiten möglichst klein zu halten, ist eine sorgfältige Vorbereitung erforderlich. Der Ablauf für die Einführung der Netzplantechnik ist aus diesem Grund in Abbildung 9–10 vereinfacht dargestellt.

Als erster Schritt ist zunächst eine Voruntersuchung durchzuführen, die am besten ein Mitarbeiter und ein externer Berater vornehmen. Der Mitarbeiter muß die Verwaltung oder das Unternehmen sehr genau kennen. Er sollte am besten für die Untersuchung von seinen anderen Aufgaben entbunden werden. Ein Berater, der von außen kommt, kann sehr wertvoll sein, wenn er Netzplanfachmann ist, auftretende Schwierigkeiten und deren Lösung bereits aus Erfahrung kennt und nicht »betriebsblind« ist.

Die Voruntersuchung sollte hauptsächlich folgende Fragen beantworten:

→welche Aufgaben der Verwaltung oder des Unternehmens können mit Netzplänen erfolgreich geplant, gesteuert und überwacht werden,

→wie ist die Organisationsstruktur für die Durchführung von Vorhaben und deren Steuerung mit Netzplänen geeignet, und wo müssen eventuell Änderungen vorgesehen werden,

→wie ist das vorhandene Berichtswesen aufgebaut,

→welche automatische Datenverarbeitungsanlage (ADV-Anlage) steht zur Verfügung und wie kann sie benutzt werden.

Nach der Klärung dieser Fragen sollte zunächst ein Netzplantechnik-Verfahren ausgesucht werden, das den Anforderungen entspricht. Die dabei zu beachtenden Kriterien kennen wir bereits aus Kapitel 8.

Erfahrungen über das Arbeiten mit Netzplänen sollten zunächst an einem Projekt gesammelt werden. An diesem ausgewählten Projekt sollten möglichst wenig Abteilungen beteiligt sein, damit die organisatorischen Maßnahmen, Schulungen und Datenmengen nicht zu umfangreich werden. Das Projekt sollte außerdem zum Routineablauf der Verwaltung gehören, damit keine neuartigen Schwierigkeiten durch das Projekt zu erwarten sind und die Aufmerksamkeit voll auf die Anwendung der Netzplantechnik gerichtet werden kann.

In der mit der Netzplantechnik angestrebten Rationalisierung sind für viele Mitarbeiter bei oberflächlicher und ungelenkter Betrachtung nicht nur positive Aspekte zu sehen. Die Gefahren von Umsetzungen, geänderter Kompetenz oder Unterstellungsverhältnissen und verschärfter Kontrolle werden immer wieder diskutiert.

Wo diese Gefahr nicht ernst und folgerichtig vermieden wird, wird der Erfolg der Netzpläne stark gemindert. In einigen Fällen kann der Planungserfolg zunichte gemacht werden, wenn sich die Belegschaft gegen die Einführung der Methode stellt.

Der Abbau dieser eventuell auftauchenden Ängste ist am besten durch frühzeitige und umfassende Information aller Beteiligten und Betroffenen zu erreichen.

Dabei müssen die Zielsetzung, die Schritte der Realisierung und auch die sich ergebenden Möglichkeiten (z. B. durch Umschulung) aufgezeigt werden.

Gute Schätzungen von Zeit, Kosten und Kapazität wird nur der liefern, der sicher ist, daß ihm aus möglichen, oft eigenartigen Interpretationen dieser Informationen keine Schuld aufgebürdet wird. Natürlich hat die quantitative Methode der Netzplantechnik unvermeidbar die Wirkung, daß Versäumnisse und Schuld besser nachgewiesen werden können. Aber es ist verfehlt, dies zum Nebenzweck oder gar zum Hauptzweck dieser Methode zu machen.

Zweifellos ist der beste Weg, Netzplantechnik erfolgreich einzuführen, jede Verwendung der Methode zum Nachteil der Beteiligten und Betroffenen zu vermeiden. Dann haben die Menschen auch Vertrauen in die Netzplantechnik.

Kapitel 10 Zusammenfassung aller Beispiele und Darstellung mittels Netzplantechnik

Einführung

In diesem Kapitel werden wir zusammenfassend noch einmal alle Beispiele kennenlernen und den Ablauf der zugrundeliegenden Projekte in Form von Netzplänen darstellen.

Beispiele haben wir aus den Bereichen der
→Verwaltung
→Post
→Verteidigung
→Industrie
gewählt, um einen Querschnitt durch den angesprochenen Leserkreis zu geben.

Soweit es uns notwendig erscheint, werden wir in die Beispiele nochmals kurz einführen, sonst ergibt sich die beste Projektbeschreibung durch die in Kapitel 3 gezeigten Projektstrukturpläne und die in diesem Kapitel beigefügten Netzpläne.

10.1 Projekt: Umzug einer Behörde

1. Projektdefinition

1.1 Projektbeschreibung
Auf Anweisung der vorgesetzten Dienststelle muß eine Behörde aus ihren alten Räumlichkeiten in eine neue übersiedeln, wobei die Standortwahl sowie die untergeordneten Verhandlungen von der umzuziehenden Behörde selbst geführt werden können.

Art und Umfang des Umzuges liegen von vornherein fest.

Das Projekt soll in kürzestmöglicher Zeit zu einem befriedigenden Ende gebracht werden, damit die Dienstgeschäfte schnellstmöglich wieder in den neuen Räumlichkeiten aufgenommen werden können.

Nicht zum Projekt gehören Ausbildungsmaßnahmen und die Umstellung der Organisation.

1.2 Ziel der Planung und Überwachung
Im Rahmen des Netzplanes sollen Planungsarbeiten, Kostenermittlung, Genehmigung, Ausschreibung, Vergabe und Auf- sowie Ausbau der neuen Räumlichkeiten koordiniert und terminlich festgelegt werden.

Die Termine sollen verbindlich durch den Netzplan für die beteiligten Stellen fixiert werden.

Die Einhaltung dieser Termine ist sicherzustellen, damit ein reibungsloser Umzug ermöglicht wird.

Auf die Aufgaben und Verantwortlichkeiten sowie auf die Abhängigkeiten soll nicht weiter eingegangen werden, da sich dies bei Projekten verschieben und grundsätzlich verschiedenartig ausgeprägt sein kann.

Zeitliste

In dieser Zeitliste sind die Zeitangaben in Wochen ausgedrückt.

Vorgang	Vorgangsbezeichnung	Dauer	FAZ	FEZ	SAZ	SEZ	GP	FP
1	Veröffentlichung der Entscheidung	1	0	1	0	1	0	0
2	Ermittlung des Raumbedarfs	2	2	4	2	4	0	0
3	Ermittlung des Personalbedarfs	2	1	3	1	3	0	0
4	Ermittlung: Anforderungen an den Standort	1	1	2	3	4	2	2
5	Ermittlung des Sachbedarfs	1	1	2	11	12	10	0
6	Verwendung des alten Gebäudes	6	1	7	16	22	15	5
7	Personalverhandlungen	6	3	9	10	16	7	0
8	Objektsuche	12	4	16	4	16	0	0
9	Kostenvoranschläge für Sachbedarf	10	2	12	12	22	10	0
10	Ermittlung Umzugskosten Personal	6	9	15	20	26	11	11
11	Wohnungsbeschaffung für Personal	20	9	29	16	36	7	7
12	Werbung von neuem Personal	12	9	21	18	30	9	9
13	Angebote mit Kostenvoranschlägen	10	16	26	16	26	0	0
13–1	Miete/Renovierung	10	16	26	16	26	0	0
15	Kostenvoranschläge für Transport	4	12	16	22	26	10	10
16	Ministerbericht erstellen	6	26	32	26	32	0	0
16–1	Personalsituation	4	26	30	28	32	2	2
16–2	Kostensituation (alternative Lösungen)	3	26	29	29	32	3	3
16–3	Gebäudesituation	3	26	29	29	32	3	3
17	Entscheidung	6	32	38	32	38	0	0
18	Vertragsabschlüsse	4	38	42	38	42	0	0
18–1	Gebäude	4	38	42	38	42	0	0
18–2	Transport	1	38	39	38	39	3	3
18–3	Sachbedarf	3	38	41	38	41	1	1
19	Mittelbereitstellung	5	38	43	38	43	0	0
20	Renovierung Gebäude	20	42	62	42	62	0	0
21	Erstellung Raumbelegung	4	42	46	59	63	17	17
22	Ummelden Telefon	1	42	43	61	62	19	0
23	Veröffentlichen neue Anschrift	1	42	43	63	64	21	21
24	Einrichtungen	1	62	63	62	63	0	0
25	Drucken Anschriftenänderung	2	43	45	62	64	19	19
26	Einrichten Räume	1	63	64	63	64	0	0
27	Aufnahme Dienstbetrieb	1	64	65	64	65	0	0

Abb. 10–1

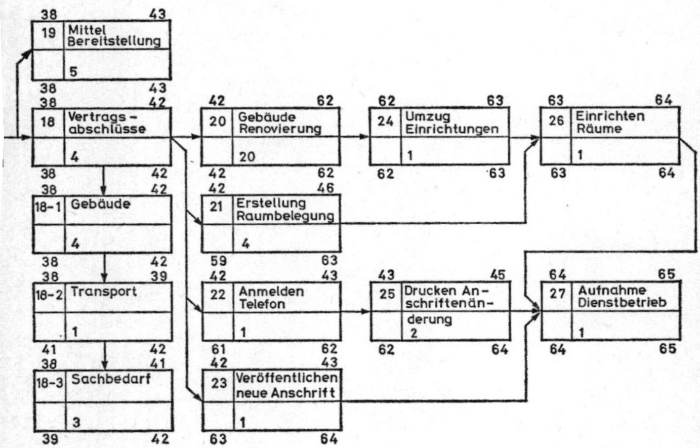

19 Mittel Bereitstellung 5
38 43 38 43
18 Vertrags-abschlüsse 4
38 42 38 42
18-1 Gebäude 4
38 42 38 42
18-2 Transport 1
38 39 41 42
18-3 Sachbedarf 3
38 41 39 42
20 Gebäude Renovierung 20
42 62 42 62
21 Erstellung Raumbelegung 4
42 46 59 63
22 Anmelden Telefon 1
42 43 61 62
23 Veröffentlichen neue Anschrift 1
42 43 63 64
24 Umzug Einrichtungen 1
62 63 62 63
25 Drucken Anschriftenänderung 2
43 45 62 64
26 Einrichten Räume 1
63 64 63 64
27 Aufnahme Dienstbetrieb 1
64 65 64 65

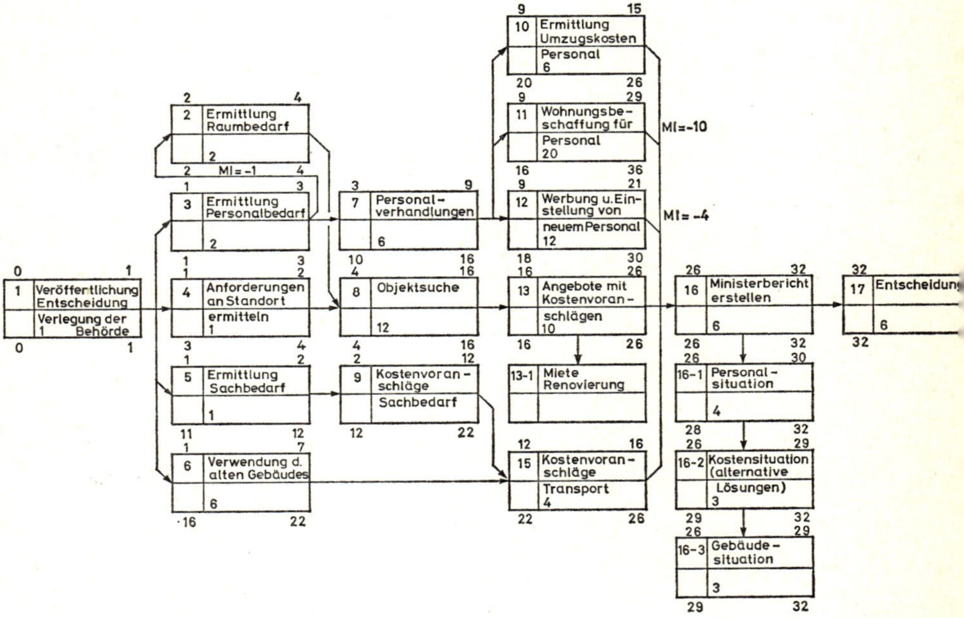

Abb. 10–2: Netzplan für das Projekt »Umzug einer Behörde«

10.2 Projekt: Hochwasserfreier Gewässerausbau

1. Beschreibung des Projektes

Da eine genaue Definition dieses Projektes »Gewässerausbau« nicht erforderlich scheint, kann zum Verständnis auf die Zeit- und Terminlisten in Kapitel 5 verwiesen werden. Allein die Vorgangssammelliste haben wir zum besseren Verständnis noch einmal aufgenommen.

Die Vorgangssammelliste zum Projekt »Gewässerausbau«.
In dieser Vorgangssammelliste sind die Zeitangaben in Wochen ausgedrückt.

1	Entscheidung über Untersuchung des hochwasserfreien Ausbaus und Verleger der xxx von Position xy bis zur Position yy	4
2	Entwicklung der technischen Konzeption	1
3	Entwicklung der rechtlichen Konzeption (Wasserhaushaltsgesetz §§ 31, 19)	1
4	Entwicklung der finanziellen Konzeption	1
5	Durchführung technischer Untersuchungen	40
6	Überprüfung der Eigentumsverhältnisse der Beteiligten	4
7	Bewilligung und Beschaffung von Planungsmitteln	12
8	Beschluß und Antragstellung	2
9	Erste Besprechung der Finanzierung	12
10	Vorprüfung (rechtl. Prüfung) auf Verfahrensmängel und Vollständigkeit	4
11	Verhandlungen mit Gemeinden, Kreis, Land und Bund	4
12	Anhörung von Behörden	30
13	Überprüfung durch das Wasserwirtschaftsamt	40
14	Überprüfung durch untere Wasserbehörden	30
15	Überprüfung durch Landesstraßenbauamt	20
16	Zusagen über prozentuale Beteiligung von Gemeinden, Kreis, Land und Bund	10
17	Bereitstellung der eigenen Mittel	4
18	Behördentermin, Abstimmung	3
19	vorzeitiger Baubeginn, Ausschreibung und Auftragsvergabe	50
20	Aufstellen des Planfeststellungsbescheides	4
21	Vorbereitung der endgültigen Finanzierung	6
22	Mitteilung an die Betroffenen	2
23	Offenlegung und Veröffentlichung	6
24	Vorprüfung der Bedenken und Anregungen	4
25	Erörterungstermin	4
26	Genehmigung und Veröffentlichung	5
27	Endgültiger Ausbau – Bauabschnitte	50
28	Bewilligung von Mitteln	4
29	Bauabnahme und Abrechnung	10

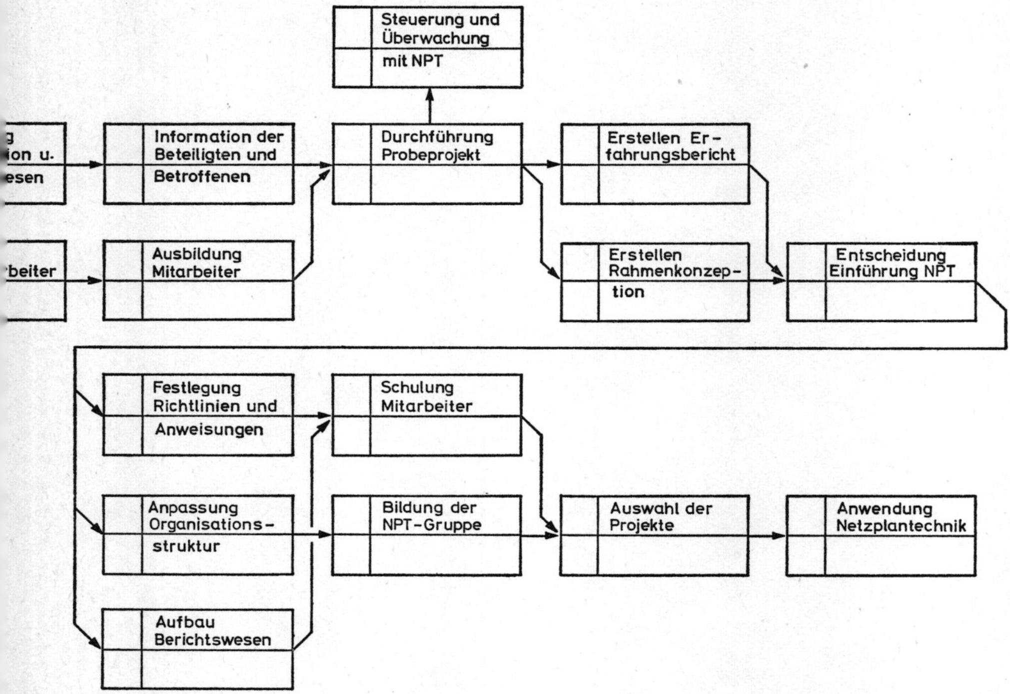
Steuerung und Überwachung mit NPT
ion u.
esen
Information der Beteiligten und Betroffenen
Durchführung Probeprojekt
Erstellen Erfahrungsbericht
beiter
Ausbildung Mitarbeiter
Erstellen Rahmenkonzeption
Entscheidung Einführung NPT
Festlegung Richtlinien und Anweisungen
Schulung Mitarbeiter
Anpassung Organisationsstruktur
Bildung der NPT-Gruppe
Auswahl der Projekte
Anwendung Netzplantechnik
Aufbau Berichtswesen

von dieser Arbeit zu befreien. In dieser Datenaufbereitungsgruppe werden die Netzpläne gezeichnet, die Daten in Ablochbelege übertragen, die erforderlichen Berechnungen (manuell oder mit automatischer Datenverarbeitung) durchgeführt und die Listen sortiert. In unseren Abbildungen ist diese Gruppe stets in die Gruppe der Netzplantechniker einbezogen.

Der Ablauf der Datenermittlung wird in Abb. 9–9 in einem Netzplan dargestellt. Es wird dabei nur der Ablauf bis zur ersten Rückmeldung gezeigt, da sich der Ablauf der Arbeiten nach der ersten Rückmeldung stets in der gleichen Reihenfolge wiederholt.

Bei der Terminüberwachung müssen die tatsächlichen Durchführungstermine der Vorgänge ermittelt werden. Das größte Problem der Kostenüberwachung liegt in der rechtzeitigen Erfassung der Ist-Kosten. Dabei kommt es weniger auf eine allzu genaue Ermittlung, sondern auf eine möglichst schnelle Erfassung an. Bei der Kapazitätsüberwachung soll den ausführenden Stellen Hilfestellung bei der Planung der erforderlichen Kapazität gegeben werden.

Sobald allerdings Netzpläne auf Projekte angewandt werden, die nicht von quantitativen Größen charakterisiert werden, müssen die Voraussetzungen für eine Quantifizierung erst geschaffen werden. Bei der Quantifizierung nichttechnischer Strukturen oder Projekte hängt alles davon ab, ob eine Größe gefunden wird, über die eine echte Bewertung des Netzplanes möglich ist. Zeiten für einfache manuelle Arbeiten lassen sich mit ausreichender Genauigkeit teilen und proportional zuordnen.

Bei geistiger Arbeit, bei schöpferischer Tätigkeit wird die einfache Rechnung mit Proportionalität zumindest für kleinere Zeiträume nahezu sinnlos. Nur für größere Zeiträume und eine größere Anzahl von Individuen ergibt sich eine statistische Berechenbarkeit, die sinnvoll erscheint.

Es gibt viele Versuche und auch Erfolge bei der Suche nach solchen signifikanten Bewertungen. Es kann mit Punktbewertungen gearbeitet werden. Manchmal findet man eine virtuelle Geldbewertung, die durchaus zufriedenstellt. Auch Befragungen der Betroffenen und Beteiligten ergeben, richtig gewichtet, durchaus brauchbare Bewertungen.

Daß Netzpläne mit nur einer expliziten Bewertung der Zeit als Führungsmittel mit Erfolg verwendet werden, liegt daran, daß hier eine zweite Bewertung stillschweigend mit eingebracht wird. Derjenige, der den Netzplan aufstellt und die Zeitschätzungen einholt, handelt so, daß er nur solche Zeiten als zulässig bezeichnet, die innerhalb eines bestimmten Bereichs liegen, der sowohl nach unten als auch nach oben beschränkt ist, und der auch noch durch stillschweigende andere Bewertungen gekennzeichnet wird.

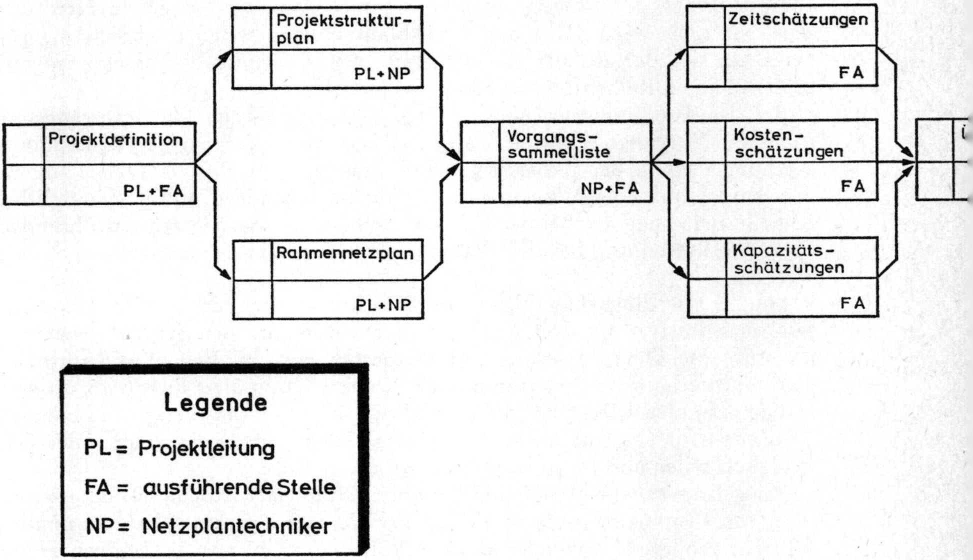

Abb. 9–9: Ablauf der Datenermittlung (Netzplan)

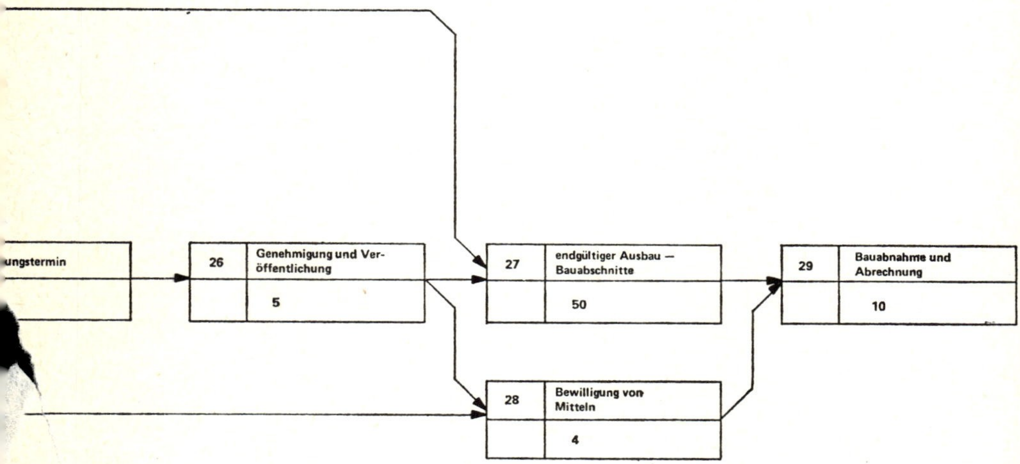

ungstermin
26
Genehmigung und Veröffentlichung
5
27
endgültiger Ausbau — Bauabschnitte
50
28
Bewilligung von Mitteln
4
29
Bauabnahme und Abrechnung
10

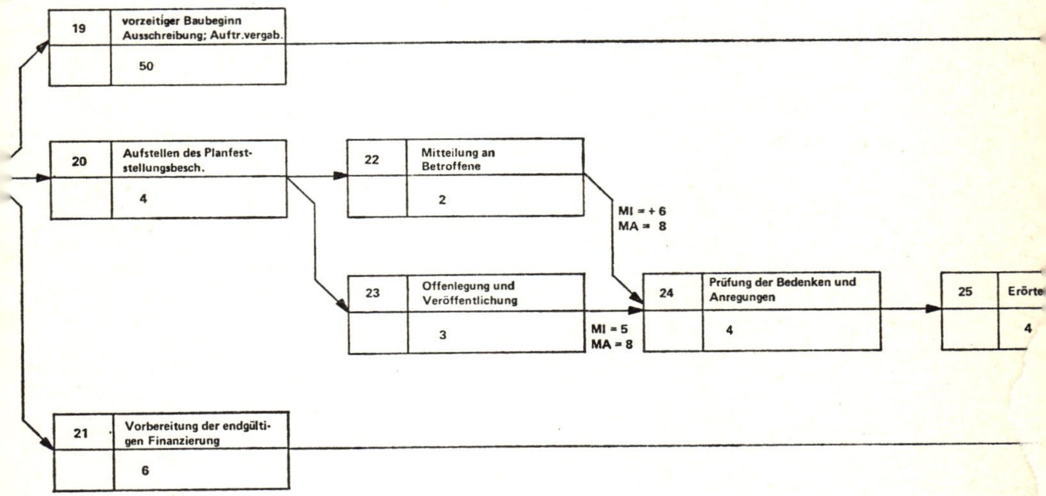

19
vorzeitiger Baubeginn Ausschreibung; Auftr.vergab.
50
20
Aufstellen des Planfeststellungsbesch.
4
22
Mitteilung an Betroffene
2
MI = + 6
MA = 8
23
Offenlegung und Veröffentlichung
3
MI = 5
MA = 8
24
Prüfung der Bedenken und Anregungen
4
25
Erörte
4
21
Vorbereitung der endgültigen Finanzierung
6

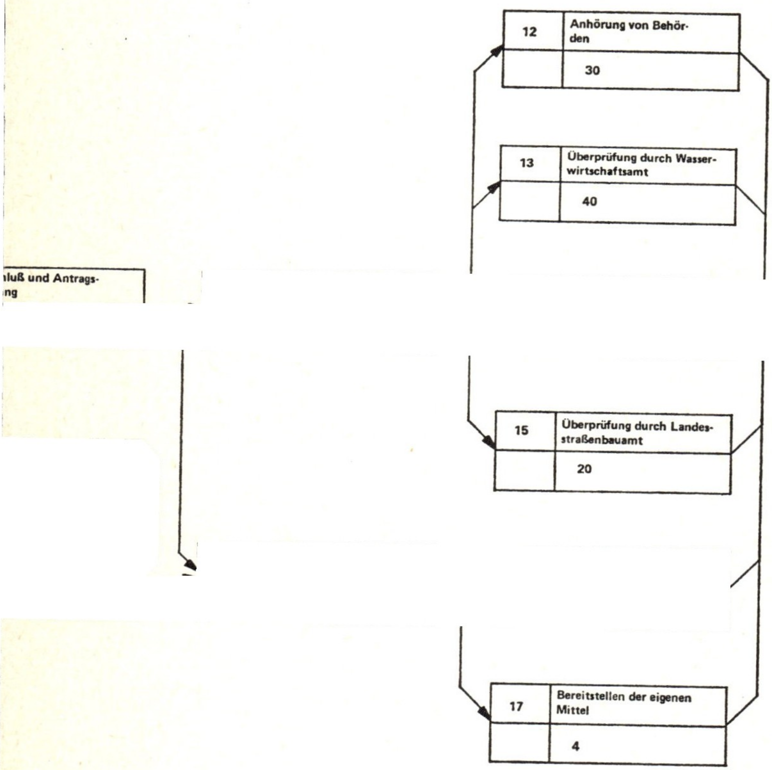

12
Anhörung von Behörden
30
13
Überprüfung durch Wasserwirtschaftsamt
40
…luß und Antrags-
…ng
15
Überprüfung durch Landesstraßenbauamt
20
17
Bereitstellen der eigenen Mittel
4

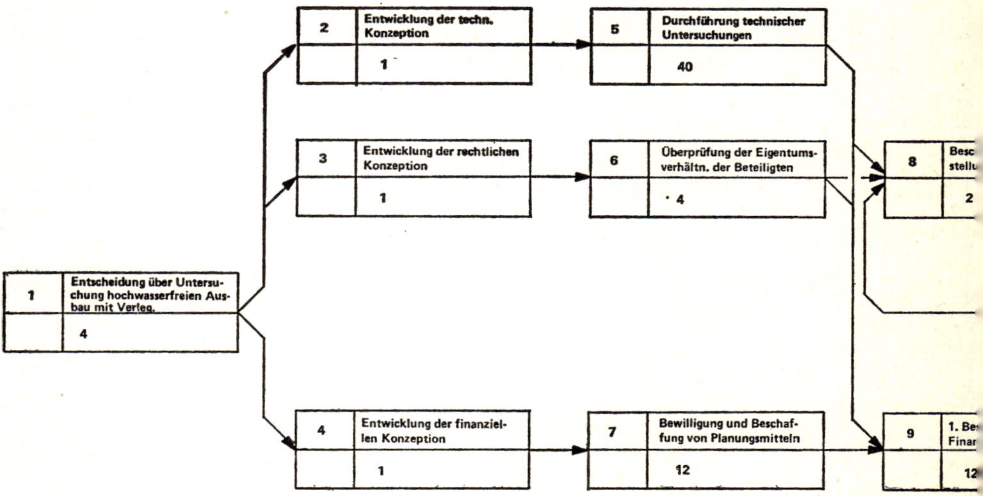

Abb. 10–3: Netzplan »Gewässerbau«

10.3 Projekt: Errichten einer Datenverarbeitungsanlage in einer Verwaltung (Beispiel: Postscheckamt)

Dieses Beispiel ist aus dem Begleitmaterial zu den Seminaren des VDI-Kurses: Netzplantechnik. Ein Fortbildungskurs im Medienverbund. VDI-Verlag, Düsseldorf 1971, entnommen.

1. Projektbeschreibung

Für ein Postscheckamt ist auf Anweisung des Bundesministeriums eine Datenverarbeitungsanlage mit Klarschriftleser (DVA) im Wert von 2 Mio DM zu planen und aufzustellen. Da die gleiche Anlage bereits in einem anderen Postscheckamt vergleichbarer Größe installiert wurde, entfallen Systemuntersuchung und Programmierung. Art und Umfang der aufzustellenden Anlage liegen also von vornherein fest, die erforderlichen Programme sind vorhanden.

Das Projekt ist abgeschlossen, wenn die DVA installiert und abgenommen ist.

Das Projekt soll etwa innerhalb anderthalb Jahren abgewickelt werden.

Für den Betrieb der DVA muß eine Klimaanlage installiert werden.

Die Stromversorgung – Zuleitungen und Netzstabilisator – für die DVA und Klimaanlage ist sicherzustellen.

Die Räume für Aufstellung und Betrieb dieser Anlagen müssen freigemacht und umgebaut werden.

Nicht zum Programm gehören Ausbildungsmaßnahmen und die Umstellung der Organisation des Postscheckamtes.

Da der Netzplan aus der oben angegebenen Quelle übernommen wurde, weicht auch die Darstellung von der in unserem Buche üblichen ab.

Durch die Legende ist sie aber leicht verständlich.

10.4 Projekt: Erstellung und Genehmigung von technischen Vorschriften der Luftwaffe für ein fliegendes Waffensystem

1. Projektbeschreibung

Einsatzbereitschaft von Waffensystemen und Geräten hängt in hohem Maße von der Güte der Vorschriften ab.

Die technischen Vorschriften der Luftwaffe enthalten in systematischer Anordnung Befehle und Forderungen, die u. a. Informationen und Richtlinien für die Behandlung von Material in der Verantwortlichkeit der Luftwaffe geben. Alle technischen Vorschriften der Luftwaffe werden als *»GAF T.O.«* herausgegeben.

11 Auswertung der ausländischen Vorschriften durch die zuständigen Behörden und nach
12 Übersendung an die Industrie
13 Ausschreibung für die Herstellung der
technischen Vorschriften für die Triebwerke
14 technischen Vorschriften für die Elektronik
15 technischen Vorschriften für die Zelle
16 technischen Vorschriften für die Ausrüstung
17 Auswertung durch die Industrie
18–21 Ausarbeitung und Abgabe der Angebote durch die Industrie für die technischen Vorschriften der
18 Triebwerke
19 Elektronik
20 Zelle
21 Ausrüstung
22–25 Auswertung der eingegangenen Angebote für die technischen Vorschriften der
22 Triebwerke
23 Elektronik
24 Zelle
25 Ausrüstung
26–29 Erstellen der Vertragsentwürfe über die Herstellung der technischen Vorschriften für die
26 Triebwerke
27 Elektronik
28 Zelle
29 Ausrüstung
30–33 Vertragsverhandlungen mit den ausgewählten Firmen über die technischen Vorschriften der
30 Triebwerke
31 Elektronik
32 Zelle
33 Ausrüstung
34 Vertragsabschluß mit den einzelnen Firmen. Dieser Vertragsabschluß soll aus den Gründen der Mitzeichnung für alle Firmen zur gleichen Zeit erfolgen.
35 Erstellung der ersten Fassung der Manuskripte durch die Firmen
36 Auslieferung der Manuskripte an die zuständigen Stellen der Luftwaffe
37 der zuständigen Fachreferate des Bundeswehr-Beschaffungsamts (BWB)
38 der Musterprüfstelle der Bundeswehr für Luftwaffengeräte (MBL) und Erprobungsstelle (E'stelle)

39 die Luftwaffe überprüft, ob das Geräteinstandsetzungskonzept (GIK) eingehalten wurde
40–42 das BWB prüft, ob
40 der technische Inhalt richtig ist
41 die Beschaffungsverfahren durchführbar sind
42 die GAF T.O.-Richtlinien eingehalten wurden
43 die MBL und E'stelle prüft die Kenndaten und Lufttüchtigkeitsbelange
44 Weitergabe der Prüfungsergebnisse an ein Querschnittsreferat des BWB
45 Manuskriptbesprechung mit Behörde und Industrie
46 Überarbeitung der Manuskripte durch die Industrie
47 Erstellung der ersten Prüfexemplare durch die Industrie
48 Versand der Prüfexemplare an BWB und Luftwaffe (Lw)
49 Prüfung, ob die Ergebnisse der Manuskriptbesprechung in die Prüfexemplare eingearbeitet wurden
50 Bestätigung an die Industrie
51 Druckfreigabe
52 Druck
53 Versand an Verteilerstelle im Materialamt der Luftwaffe
54 Verteilung

Sollte sich bei der Prüfung (49) ein Fehler herausstellen, dann
55 Beanstandung
56 Sperrung der Druckfreigabe
57 Rücksendung der ersten Prüfexemplare
58 Überarbeitung der Prüfexemplare
59 Druck der zweiten Prüfexemplare
60 Versand der Prüfexemplare an BWB und Lw
61 Prüfung durch BWB und Luftwaffe
61–66 wie 50–54

10.5 Entwicklung und Herstellung einer neuen Maschine (mit der Bezeichnung Y_A 900–B)

Ausgehend von der Entwicklung der ersten Konzepte, die untersucht werden, über die Entscheidung der Geschäftsführung, der Konstruktion, den Versuchen und den Bau einschließlich der Montage wird in diesem Beispiel der Ablauf der Entwicklung und Herstellung einer neuen Maschine gezeigt. In diesem Beispiel wollen wir auf die Berechnung des Netzplanes verzichten.

?rojekt

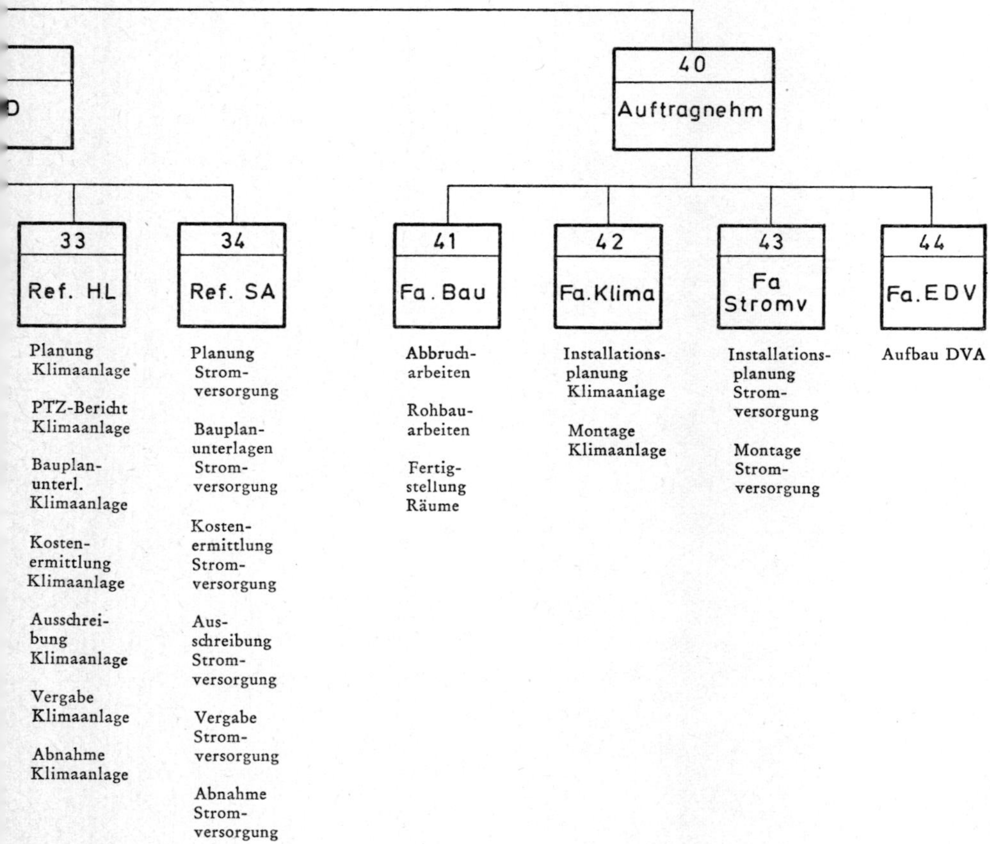

D
40
Auftragnehm
33
Ref. HL
Planung Klimaanlage
PTZ-Bericht Klimaanlage
Bauplan-unterl. Klimaanlage
Kosten-ermittlung Klimaanlage
Ausschrei-bung Klimaanlage
Vergabe Klimaanlage
Abnahme Klimaanlage
34
Ref. SA
Planung Strom-versorgung
Bauplan-unterlagen Strom-versorgung
Kosten-ermittlung Strom-versorgung
Aus-schreibung Strom-versorgung
Vergabe Strom-versorgung
Abnahme Strom-versorgung
41
Fa. Bau
Abbruch-arbeiten
Rohbau-arbeiten
Fertig-stellung Räume
42
Fa. Klima
Installations-planung Klimaanlage
Montage Klimaanlage
43
Fa Stromv
Installations-planung Strom-versorgung
Montage Strom-versorgung
44
Fa. EDV
Aufbau DVA

Abb. 10–4: Projektstrukturplan mit Zuordnung der Vorgänge zu den Arbeitspaketen für da

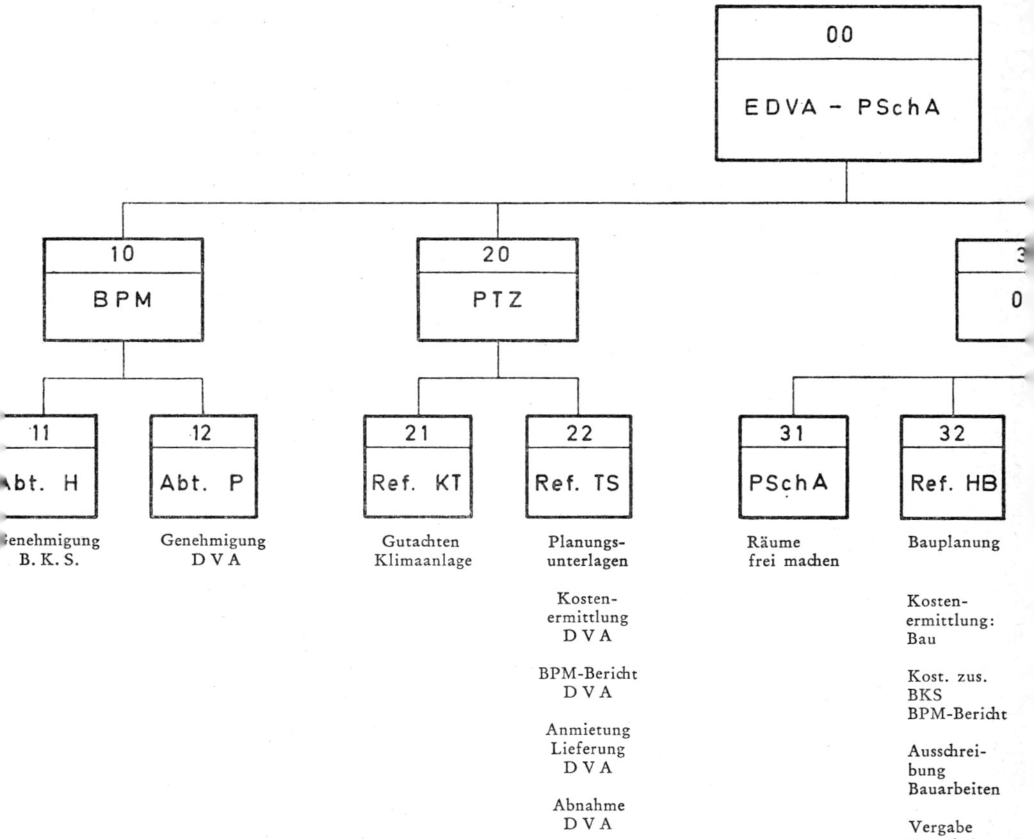

B = Baumaßnahme
K = Klimaanlage
S = Stromversorgung
DVA = elektronische Datenverarbeitungsanlage
BPM = Bundespostministerium
PTZ = Posttechnisches Zentralamt
OPD = Oberpostdirektion
PSchA = Postscheckamt

Abb. 10–4: Projektstrukturplan »Postscheckamt«

Tabelle 10.5 Zeitliste für das Projekt ADVA–PschA

Vorg. Nr.	Vorgangsbeschreibung	D Wo	FAZ	FEZ	SAZ	SEZ	GP	FP	kritisch
01	Genehmig. Bau. Klima. Stromvers.	4	21	25	21	25	0	0	*
02	Genehmig. Datenverarb.anl.	4	9	13	17	21	8	0	
03	Gutachten-Klimaanlage	4	10	14	11	15	1	1	
04	Planungsunterl. erst. an OPD	4	0	4	0	4	0	0	*
05	Kostenermittlung DVA	2	4	6	12	14	8	0	
06	BPM-Bericht DVA	3	6	9	14	17	8	0	
07	Anmietung, Lieferung DVA	52	13	65	27	79	14	14	
08	Abnahme DVA	2	80	82	80	82	0	0	*
09	Räume frei machen	15	25	40	26	41	1	1	
10	Bauplanung	4	7	11	7	11	0	0	*
11	Kostenermittlung Bau	4	11	15	11	15	0	0	*
12	Kost.zus.stell. u. BPM-Ber. BKS	6	15	21	15	21	0	0	*
13	Ausschreibung Bauarbeiten	4	25	29	25	29	0	0	*
14	Vergabe Bauarbeiten	12	29	41	29	41	0	0	*
15	Abnahme Rohbau	1	58	59	58	59	0	0	*
16	Abnahme Räume	1	78	79	78	79	0	0	*
17	Planung Klimaanlage	2	4	6	4	6	0	0	*
18	PTZ-Bericht Klimaanlage	4	6	10	7	11	1	0	*
19	Bauplanunterlagen-Klimaanlage	1	6	7	6	7	0	0	
20	Kostenermittlung Klimaanlage	1	7	8	14	15	7	7	
21	Ausschreibung Klimaanlage	6	25	31	27	33	2	0	
22	Vergabe Klimaanlage	10	31	41	33	43	2	0	
23	Abnahme Klimaanlage	1	67	68	78	79	11	11	
24	Planung Stromversorgung	1	4	5	5	6	1	0	
25	Bauplanunterlagen–Stromversorgung	1	5	6	6	7	1	0	
26	Kostenermittlung Stromversorgung	2	6	8	13	15	7	7	
27	Ausschreibung Stromversorgung	6	25	31	33	39	8	0	
28	Vergabe Stromversorgung	4	31	35	39	43	8	0	
29	Abnahme Stromversorgung	1	63	64	78	79	15	15	
30	Abbrucharbeiten	4	41	45	41	45	0	0	*
31	Rohbauarbeiten	13	45	58	45	58	0	0	*
32	Fertigstellung Reinig. Räume	11	67	78	67	78	0	0	*
33	Installationsplanung Klimaanlage	2	41	43	43	45	2	2	
34	Montage Klimaanlage	8	59	67	59	67	0	0	*
35	Installationsplanung Stromversorgung	2	35	37	43	45	8	8	
36	Montage Stromversorgung	4	59	63	63	67	4	0	
37	Aufbau Datenverarbeitungsanlage	1	79	80	79	80	0	0	*

Abb. 10–5

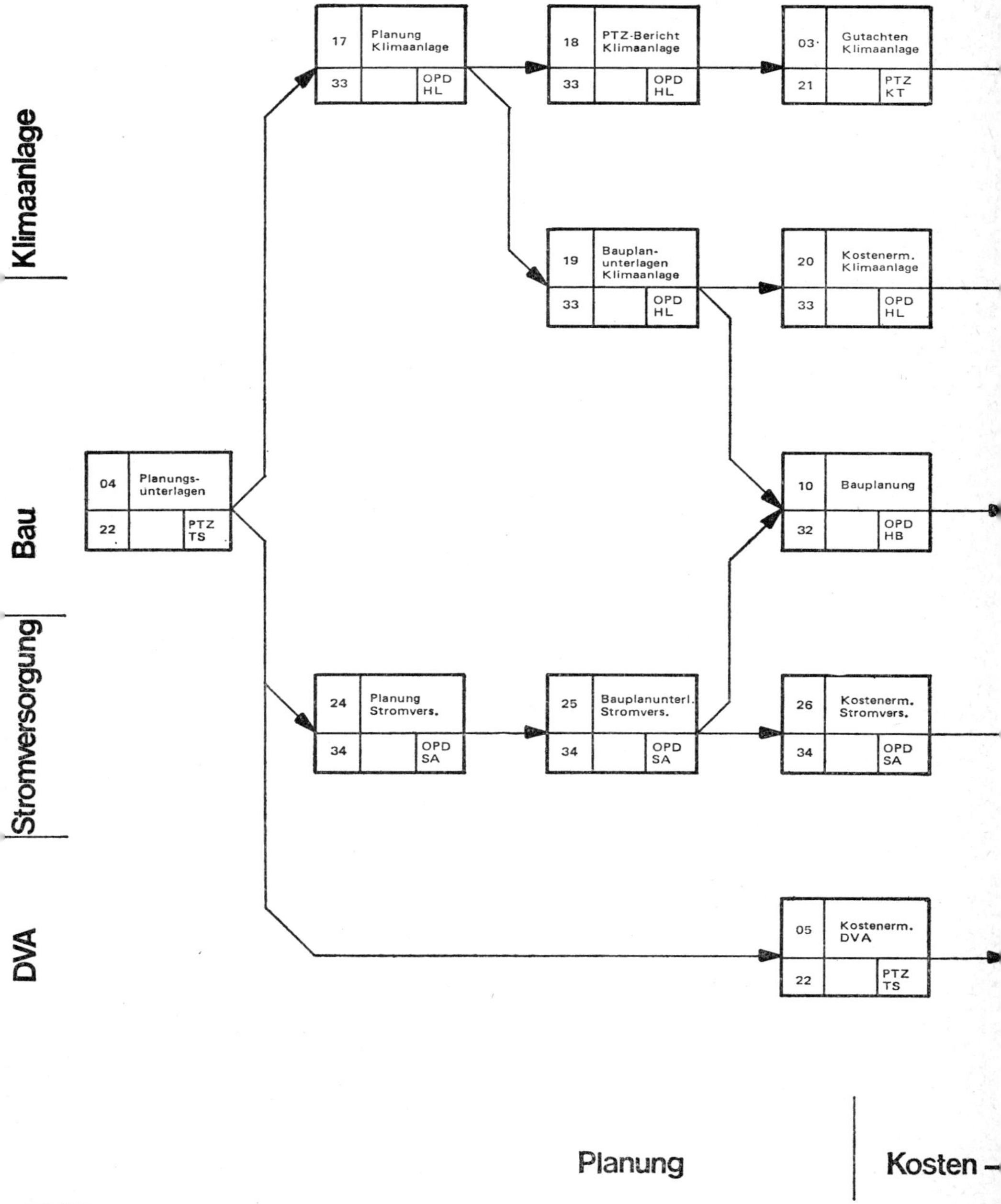

BW 2022

Abb. 10–6: Netzplan »Postscheckamt«

Die Erstellung der GAF T.O. erfolgt im allgemeinen durch die Hersteller der Waffensysteme und Geräte, die sich bei einem fliegenden Waffensystem aus den Herstellerfirmen für

→Zelle
→Triebwerk
→Elektronik
→Ausrüstung

zusammensetzen. Vor dem Abschluß der Verträge mit den Herstellern müssen die Forderungen des Bedarfsträgers in einer Leistungsbeschreibung genau festgelegt werden.

Von den Herstellern wird

→Technische Richtigkeit
→Durchführbarkeit beschriebener Methoden und Verfahren
→Übereinstimmung mit allen auftretenden Bauzuständen des Materials
→Übereinstimmung mit den entsprechenden Richtlinien

gefordert und von den zuständigen Dienststellen (BWB, MatALw, MBL, E-Stellen) überprüft. Die abzuliefernden Prüfexemplare müssen im Layout der endgültigen Ausführung der GAF T.O. entsprechen.

Die Herausgabe erfolgt durch das MatALw. Die Druckfreigabe wird vom MatALw dem BWB und anschließend vom BWB dem Ersteller mitgeteilt.

(Dies sind Ausschnitte aus der TDv »Das GAF T.O.-System«, herausgegeben vom Materialamt der Luftwaffe, 1. Juni 1969)

In der folgenden Vorgangssammelliste werden die wichtigsten Vorgänge kurz beschrieben.

Auf die Berechnung des Netzplanes wird verzichtet.

Vorgangssammelliste mit der Beschreibung der wichtigsten Vorgänge

1 Grundsatzbesprechung GAF T.O. (= German Air Force Technical Order)
2 Erstanforderung GAF T.O.
3 Zusammenstellen der ausländischen Vorschriften
4 Festlegung der Stückzahlen und des
4–1 Verteilers für die ausländischen Vorschriften
5 Ergänzung der Erstforderung
6 Sofortbeschaffung der ausländischen Vorschriften
7 Erstellung der Leistungsbeschreibung
für die Herstellung der technischen Vorschrift der Triebwerke
8 für die Herstellung der technischen Vorschrift der Elektronik
9 für die Herstellung der technischen Vorschrift der Zelle
10 für die Herstellung der technischen Vorschrift der Ausrüstung

Anhang

Musterlösungen für die Aufgaben

Vorbemerkung:

Einfache Aufgaben für Netzpläne müssen geschlossen und ohne Vorarbeit verständlich sein. Man nimmt notwendigerweise kleine Aufgaben, die keine Projekte in unserem Sinne sind. In der Praxis würde man solche Netzpläne niemals aufstellen. Aber wirklichkeitsnahe Netzpläne sind viel zu umfangreich und unübersichtlich.

Musterlösung zur Aufgabe 1 aus Kapitel 4, S. 39

Vorgangssammelliste für das Projekt »Tapezieren eines Wohnzimmers«

1 Zimmer ausräumen
2 Handwerkszeug besorgen
3 Zimmer ausmessen
4 Tapeten aussuchen
5 alte Tapeten entfernen
6 Material besorgen
7 Tapeten kaufen
8 Wandschäden ausbessern
9 Decke abwaschen
10 Tapete schneiden
11 Untergrund vorbereiten
12 Decke anstreichen
13 Tapete einkleistern
14 Tapete ankleben
15 Tapete trocknen
16 Zimmer säubern
17 Zimmer einräumen

Musterlösung zu Aufgabe 2 aus Kapitel 4, S. 39

Vorgangssammelliste für das Projekt »Radwechsel bei einem PKW«

1 PKW an Straßenrand fahren
2 Warnblinkleuchte einschalten
3 Handbremse anziehen
4 Warndreieck aufstellen
5 Werkzeug bereitstellen
6 Keil unterlegen
7 Wagenheber bereitstellen
8 Reserverad bereitlegen
9 Radkappe entfernen
10 Schrauben lockern
11 Schrauben entfernen
12 Wagen heben
13 defektes Rad abnehmen
14 defektes Rad verstauen
15 Reserverad aufsetzen
16 Schrauben anziehen
17 Wagen senken
18 Schrauben nachziehen
19 Wagenheber verstauen
20 Warndreieck holen
21 Warnblinkleuchte ausschalten
23 Weiterfahren
24 Schrauben nachziehen
25 Radkappe aufsetzen
26 Weiterfahrt

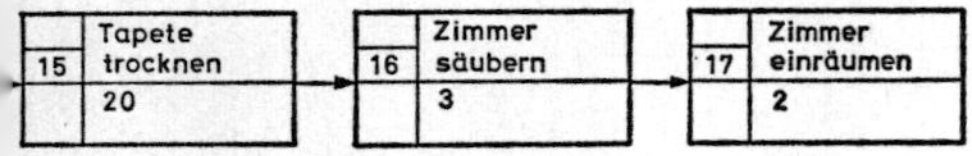
15 Tapete trocknen 20
16 Zimmer säubern 3
17 Zimmer einräumen 2

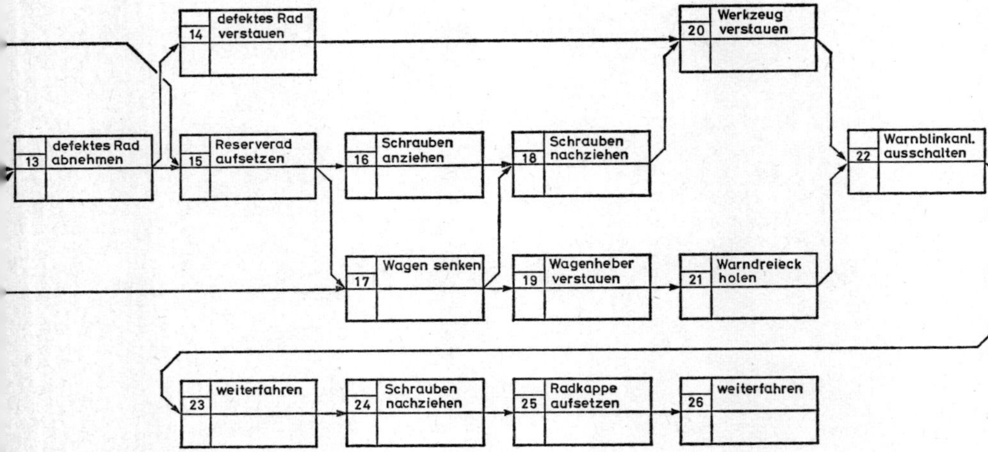
13 defektes Rad abnehmen
14 defektes Rad verstauen
15 Reserverad aufsetzen
16 Schrauben anziehen
17 Wagen senken
18 Schrauben nachziehen
19 Wagenheber verstauen
20 Werkzeug verstauen
21 Warndreieck holen
22 Warnblinkanl. ausschalten
23 weiterfahren
24 Schrauben nachziehen
25 Radkappe aufsetzen
26 weiterfahren

Musterlösung für Aufgabe 3 aus Kapitel 4, S. 39
»Tapezieren eines Wohnzimmers«

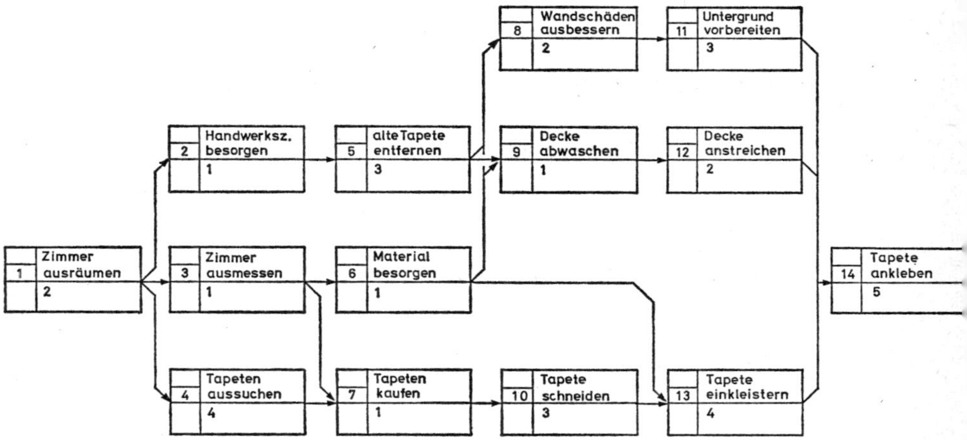

Musterlösung für Aufgabe 4 aus Kapitel 4, S. 39
»Radwechsel bei einem PKW«

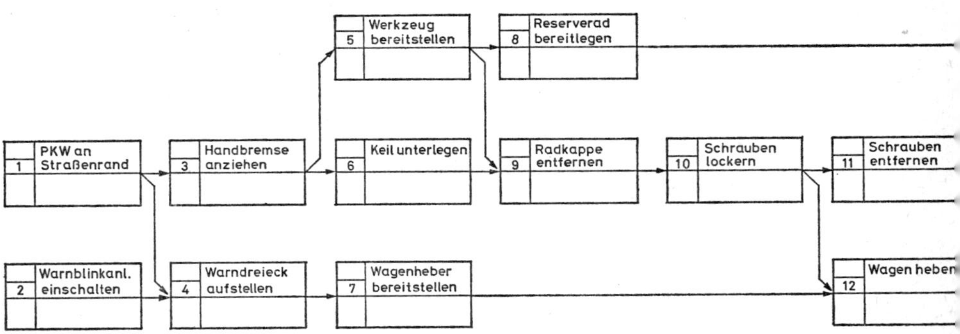

Musterlösung für Aufgabe 5 von Kapitel 4, S. 39

In der Musterlösung von Aufgabe 3 kann der Vorgang 15 »Tapete trocknen« durch eine Abstandsbeziehung MI = + 20 ersetzt werden.

Musterlösung der Aufgabe 1 aus Kapitel 5, S. 59

VN	Vorgangsbezeichnung	D	FAT	FET	SAT	SET	GP	FP
1	Zimmer ausräumen	2	0	2	0	2	0	0
2	Handwerkszeug besorgen	1	2	3	2	3	0	0
3	Zimmer ausmessen	1	2	3	4	5	2	0
4	Tapeten aussuchen	4	2	6	2	6	0	0
5	alte Tapeten entfernen	3	3	6	3	6	0	0
6	Material besorgen	1	3	4	5	6	2	2
7	Tapeten kaufen	1	6	7	6	7	0	0
8	Wandschäden ausbessern	2	6	8	6	8	0	0
9	Decke abwaschen	1	6	7	8	9	2	0
10	Tapete schneiden	3	7	10	7	10	0	0
11	Untergrund vorbereiten	3	8	11	8	11	0	0
12	Decke anstreichen	2	7	9	9	11	2	2
13	Tapete einkleistern	4	10	14	10	14	0	0
14	Tapete ankleben	5	11	16	11	16	0	0
15	Tapete trocknen	20	16	36	16	36	0	0
16	Zimmer säubern	3	36	39	36	39	0	0
17	Zimmer einräumen	2	39	41	39	41	0	0

Definitionen

Wenn Begriffe im Text des Buches definiert oder erklärt sind, werden die jeweiligen Seiten angegeben. Am Ende dieses Buches sind die Definitionen der DIN 69900, Bl. 1–4, Februar 1970 zitiert. Begriffe die dort definiert sind, werden in diesem Verzeichnis mit D1 bis D4 (jeweilige Blattzahl) gekennzeichnet.
Auf andere Definitionen dieses Verzeichnisses wird mit ↑ verwiesen.

Abbildung siehe Funktion ↑

ADV: Abkürzung für Automatische Daten-Verarbeitung. Die bisher übliche Abkürzung EDV (Elektronische Daten-Verarbeitung) wird ungebräuchlich, da sie nicht so kennzeichnend ist wie ADV. (siehe S. 79)
Für den Computer sind automatische Abläufe zweifellos kennzeichnender als elektronische. Im internen Sprachgebrauch wird oft DVA (Daten-Verarbeitungs-Anlage) geschrieben.

alphanumerisch – manchmal auch alphamerisch – ist eine Wortzusammenziehung aus alphabetisch und numerisch. Es ist ein graeco-lateinisches Kunstwort. Alphanumerisch ist eine Eigenschaft einer vereinbarten Menge von Zeichen, die nur vorhanden ist, wenn der Zeichenvorrat Ziffern und Buchstaben enthält. Der Übergang von der reinen Ziffernrechenanlage zur DVA setzt das Vorhandensein eines leistungsfähigen alphanumerischen Codes (Alphacode) voraus.
»Wörter«, wie sie in der DVA und ganz allgemein bei Verwendung quantitativer Methoden verwendet werden, können neben Buchstaben und Ziffern auch Sonderzeichen (Komma, Punkt, Fragezeichen, Kurzzeichen etc.) enthalten. Ob im Falle des Vorhandenseins von Sonderzeichen diese im Begriff des Alphanumerischen eingeschlossen sind oder nicht, muß im Einzelfall bestimmt werden.

Anordnungsbeziehungen (D 1, S. 26, 27, 28) auch kurz Beziehungen ↑, sind die funktionalen Abhängigkeiten im Graphen und damit auch im Netzplan, die ganz überwiegend Zeitabhängigkeiten darstellen.
Sie werden durch Pfeile ↑ symbolisiert. Nach DIN 69900, Blatt 10, Entw. Febr. 1971, ist die **Ende-Anfangs-Beziehung** die Normalfolge (NF), die **Anfangs-Anfangs-Beziehung** die Anfangsfolge (AF), die **Anfangs-Ende-Beziehung** die Sprungfolge (SF) und die **Ende-Ende-Beziehung** die Endfolge (EF).

Arbeitspaket (S. 14) ist nach DIN 69900 Bl. 10 Entw. Febr. 71 eine im Projektstrukturplan ↑ nicht weiter aufgegliederte Teilaufgabe, die sich im Netzplan auf einen Vorgang oder auf mehrere Vorgänge bezieht. Es werden also einzelne Tätigkeiten zusammengefaßt, die als Ganzes abgerechnet werden und eine bis zu einem gewissen Grade geschlossene Einheit bilden.

Arbeitsumfang (S. 73; 74) ist die Menge der Arbeit, die bei Kapazitätsbetrachtungen und damit auch bei Kostenbetrachtungen die Grundlage der Berechnung bildet und den Umfang der bei der Durchführung des Vorgangs anfallenden Arbeit bestimmt. Bei den Kosten entspricht dem Arbeitsumfang der Arbeitswert ↑, wenn ein Geldbetrag angegeben wird. Eine Kapazitätsgruppe kann umgekehrt einen bestimmten Arbeitsumfang in der Zeit erbringen.

Arbeitswert (S. 69) sind die einem bestimmten Arbeitsumfang ↑ zugeordneten Kosten. Es wird dabei vorausgesetzt, daß die Kosten proportional zur Zeit anfallen (gleiche Zeiten, gleiche Kosten). Diese Zuordnung wird oft nicht ganz zutreffend als linear (4) ↑ bezeichnet. Bei einer streng linearen Zuordnung müßte auch die Tätigkeit (Vorgang) zur Zeit linear sein, was aber nicht immer der Fall ist. Die Beziehung zwischen Kosten und Zeit für sich alleine betrachtet ist linear.

Bewertung ist in den quantitativen Methoden eine Funktion, die jedem Element einer Menge oder einer Struktur, auch einer Art von Elementen einer Doppelstruktur (Graph) eine Zahl zuordnet. Während schon unbewertete Elemente präferabel ↑ sein können, gilt für jedes Paar bewerteter Elemente stets eine der drei Beziehungen: größer als, kleiner als oder gleich.

Es gibt ganzzahlige, rationale, reelle usw. Bewertungen. Nach der Interpretation unterscheiden wir in der Netzplantechnik Zeitbewertungen, Kostenbewertungen, Kapazitätsbewertungen, Korrelationsbewertungen usw.

Graphen können Kantenbewertungen, Knotenbewertungen und auch mehrere Bewertungen tragen.

Die hier behandelten Bewertungen der mathematischen Theorie bei Anwendung quantitativer Methoden sind wesentlich anders definiert als die Bewertungen der Zahlentheorie (archimedische, padische usw. Bewertungen).

Beziehungen, vollständiger: Anordnungsbeziehungen ↑ (D 1); sind die funktionalen Abhängigkeiten zwischen Paaren von Elementen der ersten und der zweiten Art im Graphen und damit auch im Netzplan. Im Vorgangs-Knoten-Netz (VKN) verwendet man Pfeile ↑ zwischen den Kästchen ↑, die vier Anordnungsbeziehungen ↑ ergeben können.

CPM (Critical Path Method) ist die in der Literatur vorherrschende Bezeichnung für das erste Netzplansystem der Praxis (1959) (S. 2.). Diese Methode des kritischen Weges oder Pfades wird meist als reines Vorgangs-Pfeilnetz (VPN) (D2) bezeichnet, obwohl Vorgangs-Pfeilnetze und Ereignis-Knoten-Netze nicht ganz zu trennen sind. Man findet Darstellungen des CPM, bei denen die Knoten ganz weggelassen werden, und Bandpfeile, die Bewertung tragen. Indessen genügt die Festlegung eines Termins an der Stelle des Zusammenstoßens zweier Pfeile oder Bandpfeile, die sehr nahe liegt, um ein Ereignis-Knoten-Netz zu definieren. Das reine Vorgangs-Pfeil-Netz existiert nur in der Theorie. Vorgangs-Pfeil-Ereignis-Knoten-Netz wäre die treffende Bezeichnung, ist aber für den Benutzer der Netzpläne verwirrend.

Datenverarbeitungsanlage (DVA) wird oft statt ADVA oder EDVA verwendet. Häufig findet man auch die Bezeichnungen »Rechner« oder »Computer«. Wo Verwechslungen nicht zu befürchten sind, ist eine nur ein Wort enthaltende Bezeichnung für die automatische Daten-Verarbeitungsanlage einfacher.

dekadisch ist griechisches Zahladjektiv für 10 und bezeichnet Zahlen und Nummern, die nach Potenzen der Zahl 10 unter Verwendung der Positionsschreibweise dargestellt werden. (Zehnersystem, dekadisches Zahlensystem, Positionssystem). Dezimal sind Brüche, die als Nenner eine Zehnerpotenz tragen, die durch Positionsschreibweise dargestellt und nicht geschrieben wird. In den USA und auch in England gebraucht man dezimal und dekadisch im gleichen Sinne und sagt für alles dezimal. (Im Deutschen ist der Unterschied zwischen dekadisch und dezimal nicht aufgehoben).

Entscheidungsnetz, auch Verzweigungsnetzplan ↑ ist die Darstellung der Methode, die mehrere Netzpläne ↑ oder Teilnetze alternativ bereitstellt und die Entscheidung über die Wahl des einen oder des anderen Weges freistellt. Sie kann von der Führung getroffen werden oder auch durch höhere Gewalt gegeben sein.

Man kann sich getrennte Alternativnetzpläne ebenso vorstellen wie Netzpläne mit **Entscheidungsknoten**, die als bedingte Sprünge im Sinne der Programmierung oder einfach als Weichen aufgefaßt werden.

Freie Pufferzeit (FP) D 4 (S. 52; 53) ist ein wichtiger, durch die DIN-Norm festgelegter Fachausdruck der Netzplantechnik ↑. Die Verfügung über die freie Pufferzeit ist das wichtigste Führungsmittel, dessen einfache und übersichtliche Handhabung durch den Netzplan ↑ ermöglicht wird.

Führungshilfsmittel, fast gleichbedeutend mit Führungsmittel ↑ nennt man alle Methoden und Verfahren, die in quantitativer Form Planung ↑, Führung, Steuerung ↑ und Kontrolle erleichtern. Die Bedeutung ist nicht sehr genau festgelegt.

Führungsmittel, vergleiche Führungshilfsmitel ↑, ist bisweilen auch Bezeichnung für die Gesamtheit der quantitativen Methoden. Im Zusammenhang mit dem Netzplan ↑ bezeichnet man als Führungsmittel alle Maßnahmen, die die Führung (Management) ermöglichen, erleichtern und wirksam gestalten.

Funktion ist heute gleichbedeutend mit Abbildung ↑. Funktion ist der zentrale Begriff der neueren Mathematik. Jede Paarbildung von Elementen aus zwei Mengen oder Strukturen, die auch in eine zusammenfallen können, nennt man Funktion. Die Zuordnung mehrerer Elemente zu einem Element ist zugelassen. Die funktionale Beziehung ist frei von Kausalität. Im Prinzip sind Urbild und Bild, wie man die Bausteine der Paare oder Mengen nennt, gleichberechtigt. Bei der Kausalität müssen Ursache und Wirkung, bei der Finalität zweckbestimmtes Handeln und Folge in der Reihenfolge und im Wesen unterschieden werden. Gegenüber den Verknüpfungen der reinen Logik und ihren Anwendungen im weitesten Sinne ist die Funktion eine echte Verallgemeinerung, aber auch eine wesentliche Abschwächung.

Gesamte Pufferzeit (GP) Siehe D 4 und S. 52/55.

Graph (S. 1; 2) ist der Name für eine Struktur der Theorie der Mengen. Wenn zwei Arten von Elementen, die meist als Knoten ↑ und Kanten ↑, auch als Ecken und Pfeile ↑ bezeichnet werden, durch zwei äußere Verknüpfungen ↑ (Beziehungen ↑, Produkte) verbunden werden, entsteht ein Graph. Noch ärmer an Voraussetzungen ist die Herleitung des Graphen als Teilmenge einer Paarmenge eines Produktes einer Menge mit sich selbst, wobei eine Relation (Verknüpfung ↑) darüber entscheiden muß, ob Paare zum Graphen gehören oder nicht.

Graphentheorie ist die gesamte Theorie und Anwendung der Graphen ↑. Stammbäume, einfache Befehlsgliederungen, Ordnungsschemata sind uralte, seit der Antike bekannte, Formen des Graphen ↑. Netzwerke der höheren elektrischen Theorie, Netzpläne und zahlreiche Spezialformen der Graphen in der neueren Mathematik (Entscheidungsgraphen) sind erst seit etwa 1936 bewußt angewendet worden. (Durch König, vgl. S. 1.) Viele Anwendungen der Graphentheorie sind auch mit den Grundrechnungsarten und einfacher graphischer Darstellung möglich, ohne daß der Anwender die mathematische Theorie zugrundelegt oder überhaupt kennt.

Kästchen ist eine inoffizielle praktische Bezeichnung der Knoten ↑ der Vorgangs-

Knoten-Netze ↑. Schablonen, Aufkleber, kleine Bausteine erleichtern die Arbeit, da mit ihrer Hilfe die Kästchen schnell dargestellt und sogar von Ort zu Ort bewegt werden können. Die korrekte Bezeichnung ist Vorgangsknoten.

Kante ist die allgemeine Bezeichnung der einen Elementeart des Graphen ↑. Gerichtete Kanten werden als Pfeile ↑ bezeichnet. Der Name erinnert an die geometrischen Anfänge der Darstellung n-dimensionaler Körper durch Graphen ↑ in der Ebene. Im abstrakten Graphen kann die Kante jede Art von Beziehung ↑ bedeuten, die eine meist zeitliche, aber auch andersartige Ausdehnung hat oder rein funktional zuordnet. Kanten können bewertet ↑ werden.

Kapazität heißt Fassungsvermögen (lateinisch-französisch). In der Elektrizitätslehre wurde Kapazität als elektrisches Fassungsvermögen eines Kondensators fest definiert. In den Sozialwissenschaften bedeutete Kapazität ursprünglich Produktionsvolumen je Zeiteinheit, wobei aber beide Grundbegriffe verschiedenartig definiert werden können.

Im Netzplan ↑ ist Kapazität jede zeitabhängige Bewertung ↑, die einen bestimmten Vorrat oder eine Menge mit einer Wirkung in funktionale Beziehung setzt. Kosten ↑ z. B. sind eine spezielle »Geld-Kapazität« (S. 71–78).
Arbeitskräfte, Maschinen, Räume, Material, Ausbildungsmöglichkeiten können Kapazität sein. Im Einzelfall muß die Kapazität genau definiert werden.

Klimaanlage nennt man eine technische Einrichtung, die die Aufgabe hat, Temperatur, Feuchtigkeitsgehalt, Staubanteil und Bewegung der Luft in einem Raum eines Gebäudes zu regeln.

Die Klimaanlage ist eines der ersten und treffendsten Beispiele für ein selbstregelndes, zielstrebiges kybernetisches System ↑.

Knoten ist in D 1 als Verknüpfungspunkt im Netzplan ↑ definiert. Die Knoten können Ereignisse und Vorgänge ↑ aufnehmen und sind dann keine Punkte mehr. Im Vorgangs-Knoten-Netz (VKN) sind genaugenommen zwei Ereignisse und ein Vorgang ↑ im Knoten untergebracht, während der Pfeil ↑ reines Funktional ist. Als Funktional wird das Symbol einer Funktion ↑ bezeichnet.
Knoten ↑, die Bezeichnung für die Elementeart des Graphen ↑, die nicht Kanten ↑ sind, werden in vielen Formen dargestellt. Kästchen sind am üblichsten. Es ist nämlich einfacher, sie so zu gestalten, daß sie Text in größerer Menge und auch mehrere Bewertungen aufnehmen können.

kompatibel ist französisch und heißt »verträglich«. Kompatibel ist Adjektiv für die Verträglichkeit verschiedener automatischer Datenverarbeitungsanlagen ↑, aber auch für Strukturen.
Kompatibel sind Anlagen der quantitativen Verarbeitung von Information dann, wenn bei gleicher Eingabe Gleiches bewirkt wird. Kleine Änderungen der Programme können in Kauf genommen werden. Genaugenommen ist Kompatibilität nur sinnvoll, wenn die eine Anlage ein kleineres oder gleiches Vermögen der Verarbeitungsmöglichkeit hat als die andere. Man spricht genauer von Aufwärts-Kompatibilität, wenn speziell der Übergang von einem kleineren auf einen größeren Rechner gemeint ist.
Netzpläne ↑ sind dann stets kompatibel, wenn man von einfachen Strukturen zu komplexeren übergeht, aber nicht umgekehrt. Bei der Angabe »kompatibel« für zwei Maschinen oder zwei Systeme ↑ muß genau präzisiert werden, auf welchen Teil der Maschine und auf welche Programme sich die Verträglichkeit erstreckt.

Koordinaten (lateinisch coordinare = zusammenordnen) nennt man jede Zuordnung von Zahlen, geordneten Zahlenpaaren oder größeren geordneten Zahlenmengen zu räumlichen Elementen. Der Begriff wird in den Sozialwissenschaften oft verallgemeinert und bezeichnet Bezugspunkte im Sinne eines verschwommenen geometrischen Bezuges. Bei der Verwendung quantitativer Methoden gibt es geometrische Gebilde, die Koordinatenmengen zugeordnet werden (Gerade, Kurven, Flächen, n-dimensionale Gebilde).

Kosten (S. 61–70) ist ein Begriff, der in verschiedenen Wissenschaftsgebieten mit unterschiedlichem Gültigkeitsbereich gebraucht wird. In der Unternehmensforschung und somit auch in der Netzplantechnik ↑ wird der Kostenbegriff erweitert. Er umfaßt nicht nur Kosten in der Definition der Betriebswirtschaftslehre, sondern es werden auch die sogenannten Ausfallkosten hinzugenommen. Das ist der Geldwert, der nicht eingeht, weil zum Beispiel die Termine eines Projektes ↑ nicht eingehalten werden können.

Im Netzplan ↑ sind Kosten stets eine zeitabhängige Funktion ↑, die meist proportional pro Vorgang ↑ definiert wird. (Teilbarkeit, so daß gleichen Zeitintervallen gleiche Kosten entsprechen). Im strengen Sinne linear ↑ ist diese Beziehung nur, wenn auch der Vorgang eine lineare Funktion ist. Statt Kosten in der Zeit sagt man im Rahmen der Netzplanung oft einfach Kosten, was zu Verwechslungen führen kann.

kritisch (S. 51, 52) (griechisch Krisis = Beurteilung, Prüfung) wird allgemein zur Bezeichnung der das Leben, das Eigentum und das Wohlergehen des Menschen erheblich bedrohenden Ereignisse verwendet. Im Netzplan ↑ ist kritisch alles, was den festgelegten Endtermin gefährdet (kritischer Weg ↑, kritische Ereignisse).
In der statistischen Qualitätskontrolle werden auch überkritische Fehler definiert. Zwischen kritisch im Sinne der Statistik und den etwas verschiedenartigen, manchmal verschwommenen Bedeutungen des allgemeinen Sprachgebrauchs ist wohl zu unterscheiden.

Kritischer Weg (S. 46) ist jeder Weg durch den Zeit-Netzplan, der keine Pufferzeit ↑ (Pufferzeit null) hat. Jede Verlängerung der Zeitdauer eines Vorgangs ↑ auf dem kritischen Weg führt zur Verschiebung des Endzeitpunktes. CPM ↑ (S. 2) hat seinen Namen vom kritischen Weg.

kumuliert nennt man in der Statistik, auch im Netzplan ↑, eine Bewertung ↑, bei der die einzelnen Werte längs eines Weges von einem festgelegten Zeitpunkt an summiert werden. Anstelle der Summe können bei kontinuierlichen Strukturen auch Integrale über die Zeit treten. Ändert sich der Anfangspunkt, so wird die kumulierte Bewertung vom weiter rechts liegenden Anfangspunkt an nur parallel verschoben. Bei der Häufigkeit heißt die kumulierte Bewertung Summenhäufigkeit. Jeder Funktion ↑ kann eine kumulierte Bewertung oder Summenhäufigkeit zugeordnet werden.

linear wird in vier wesentlich verschiedenen Bedeutungen gebraucht:

1. In der Mathematik ist linear jede Funktion ↑, die als Gerade, Ebene oder Hyperebene dargestellt werden kann. Die Variabeln müssen somit in einfacher direkter Proportionalität im direkten Verhältnis des Dreisatzes zueinander stehen.
2. In den USA wird linear oft zur Bezeichnung für das Verhalten der horizontalen Lage gebraucht. Linear Management ↑ ist die horizontale Gliederung mit

gleichgeordneten Fachabteilungen. Die Übersetzung mit linear im Deutschen ist hier irreführend.

3. Linear nennt man gelegentlich Netzpläne ↑, die in einer Linie verlaufen, die weder verzweigt noch vermascht ↑ sind. Bei horizontaler Darstellung fällt der Begriff mit linear (2) zusammen.
Diese Bezeichnung sollte vermieden werden. Man kann von Linien-Netzplänen, besser noch von unverzweigten und unvermaschten Netzplänen sprechen.
4. Unter Arbeitswert ↑ ist eine Definition von linear erklärt, die nicht immer mit der unter (1) aufgeführten übereinstimmt. Hier ist »proportional geteilt« treffender als linear.

lineare Abhängigkeit. Aus dem Begriff linear (1.) ↑ und der Verallgemeinerung auf multilineare Funktionen ↑ folgt die Definition:
Wenn mit Koeffizienten, die nicht gleich null sind, eine Summe von Variabeln gebildet werden kann, die stets gleich null ist, sind die Variabeln in ihrer Gesamtheit linear abhängig. Bei der geometrischen Deutung einer Gesamtheit von Variabeln als höchstens n-dimensionaler Raum bedeutet lineare Abhängigkeit das Zusammenfallen des n-dimensionalen Gebildes auf ein höchstens n-1-dimensionales.

Linear Management ist im Gegensatz zu Project Management eine Gliederung einer Behörde oder einer öffentlichen Verwaltung, bei der gleichberechtigte Fachabteilungen alle dieselbe Fachkenntnis erfordernde Tätigkeit zusammenfassen. Da das Projekt ↑ vertikal gegliedert ist, und linear (2.) ↑ in den USA die horizontale Gliederung bezeichnet, wird auch im Deutschen von Linienorganisation oder Linear Management gesprochen. Diese Bezeichnung ist irreführend und zweifellos nicht richtig. Man sollte von horizontaler Gliederung oder von gleichgeordneten Fachabteilungen sprechen.

Management: Dieser Begriff ist durch Karl Marx in die deutsche Sprache eingeführt worden.
Als Manager, in mehrere Stufen eingeteilt, wird der Personenkreis innerhalb eines Unternehmens oder einer anderen Organisation ↑ verstanden, der aufgrund seiner Stellung und Tätigkeit die Führung des Unternehmens darstellt. Manager sind nicht die Eigentümer eines Betriebes. Auch braucht ein Manager kein Fachmann zu sein.
Er ist eigens damit beauftragt, die Aufgaben des Führens und Organisierens zu lösen. Dazu gehört, daß alle Situationen, denen die jeweilige Organisation gegenwärtig oder zukünftig ausgesetzt ist, analysiert und entsprechende Maßnahmen angeordnet werden. Unter diesem Aspekt sind »planen«, »kontrollieren«, »Prognosen stellen« »steuern« begriffsbildende Gesichtspunkte des Management. Da in den genannten Gebieten der Überwachung ↑ und Planung ↑ quantitative Methoden erhebliche Bedeutung haben, ist für das Management der Gebrauch aller dieser Methoden unerläßlich. Da Netzpläne ↑ die am meisten verwendete Methode des modernen Managements sind, ist das Wort Management in der Netzplanliteratur oft vorherrschend. Wir möchten Management nur im ursprünglichen Sinne für einen typischen Personenkreis verwenden.

Masche (S. 82) nennt man im Netzplan ↑ jede Kombination von Wegen, die einen geschlossenen Linienzug darstellt, wenn man von der Richtung der Pfeile ↑ absieht. Da Schleifen ↑ (D1) in den meisten Netzplänen nicht zugelassen sind, muß es zwei verschiedene Wege geben, die in gleicher Richtung vom Anfangspunkt zum Endknoten führen und damit die Masche bilden.

Der Vermaschungsgrad ↑ ist auf S. 82 definiert.

Maximalabstand (Maximaler Zeitabstand) (S. 30 ff.) ist nach DIN 69900, Blatt 10, Entw. Febr. 1971, der höchstzulässige Zeitwert einer Anordnungsbeziehung ↑ (MAXZ). Durch die Verwendung von Maximalabständen werden Netzpläne ↑ komplizierter und erfordern die Bearbeitung mit der ADVA.

Minimalabstand (Minimaler Zeitabstand) (S. 30 ff.) ist nach DIN 69900, Blatt 10, Entw. Febr. 1971, der mindesterforderliche Zeitbedarf einer Anordnungsbeziehung ↑. Minimalabstände fügen sich ohne jede Erschwerung in die Vorwärts- und Rückwärtsrechnung ein.

Nachfolger ist der Vorgang ↑, der einem bestimmten Vorgang unmittelbar nachfolgt. In D1 werden das Nachereignis und der Nachfolger definiert.

Netzplan ist in D 1 definiert. In den USA sprach man zuerst von network. In Deutschland sind Netzwerke und Netzpläne wesentlich verschieden. Netzwerke sind Strukturen der Elektrotechnik und der linearen Optimierung. Netzplan ist spezialisiert auf das in diesem Buch behandelte Thema.

Netzplantechnik (NPT) ist in D 1 definiert.

Sie ist eine halbautomatische Planungsmethode und hat mit Technik nur soviel zu tun, daß sie auf technische Projekte ↑ angewendet werden kann.

Numerierung von lateinisch numerus = die Zahl abgeleitet, bezeichnet die laufende Verwendung von Kardinalzahlen oder auch Ordinalzahlen zur Bezeichnung von Gegenständen und Tätigkeiten beliebiger Art. Dabei entsteht eine Präferenz ↑, weil niedrige Nummern »vor« den höheren kommen. Werden alle Elemente numeriert, so entsteht eine einfache Bewertung ↑ mit natürlichen Zahlen, die mit 1 beginnen kann.

Optimierung bezeichnet das Erreichen eines Optimums durch eine Funktion ↑. Optimum ist Sammelbegriff für Maximum und Minimum, wenn diese beiden Begriffe im Sinne des Wertes gebraucht werden. Maxima und Minima der reinen Mathematik enthalten kein Werturteil und haben mit dem Begriff des Optimums nichts zu tun. Streng genommen kann man nur bewertete, in begrenzter Wirksamkeit präferable ↑ mathematische Strukturen optimieren. Die Definition des Optimums führt stets in die Anwendung.

Das reale Projekt ↑ kann im allgemeinen nur einer besseren Lösung zugeführt werden. Gegen die schematische und oft falsche Benutzung des Begriffes des Optimums für reale Projekte haben sich viele Theoretiker der Planung gewandt. Sie schlagen Suboptimum oder präferable Lösung vor, wenn das Ergebnis der praktischen Planungsaufgabe bezeichnet werden soll. Ob für Aufgaben der Wirklichkeit Optima existieren, ist in vielen Fällen schwer zu entscheiden, weil sich die Nebenbedingungen nur allzu häufig der Quantifizierung entziehen. Bei komplexen Strukturen der Wirklichkeit des Lebens kann die Existenz eines Optimums als ausgeschlossen angesehen werden.

Organisation ist französischen Ursprungs. Man kann allgemein Organisation als die Tätigkeit eines zweckmäßigen Gestaltens gesellschaftlicher Gebilde definieren. Daß die Organisationssoziologie alle Planungsmethoden und besonders Projekt ↑ und Netzplan ↑ umfaßt, steht außer Zweifel. Da Netzpläne quantitative Methoden sind, muß man sich auf die Organisationszusammenhänge beschränken, die quantifizierbar sind. Im Rahmen der Organisationssoziologie treten die prognostischen und statistischen Komponenten der Netzpläne stärker in den Vordergrund (Band II).

Pfeil D 1 (S. 27) ist gleichbedeutend mit gerichteter Kante ↑ im Graph ↑ und mit Vektor. Die Länge der Pfeile ↑ ist bei allen Netzplanmethoden ohne Bedeutung. Die Pfeile sind Darstellungsweise der zweiten Art von Elementen des gerichteten Graphen.

Planung steckt auch im Netzplan ↑ als Wortteil. Plan nennt man einen Entwurf, in dem eine beabsichtigte Handlung oder eine zu stiftende Ordnung gedanklich vorweggenommen wird. Jede Planung hat eine prognostische Komponente. Sie muß damit auch statistisch sein.
Unter Planungsmethoden, auch Planungswissenschaft, kann man alle quantitativen Methoden zusammenfassen.

Planungsmatrix ist eine Form der quantitativen Darstellung eines Projektes, die zwischen Projektstrukturplan und Netzplan ↑ steht. Man kann Matrizen, die als Elemente Vorgänge ↑ mit Anfangs- und Endereignissen verwenden und keine Matrizen der reinen Mathematik sind, durchaus so ausgestalten und detaillieren, daß sie dieselbe Information wie ein Netzplan enthalten.
Jedoch sind die Beziehungen ↑ zwischen den Elementen der Matrix nicht so anschaulich darzustellen wie im Netzplan.

Plotter von englisch to plot = zeichnen; bezeichnet alle Arten von Geräten, die entweder im Rahmen der Organisation des Computers Zeichnungen herstellen, oder mit Computerdaten getrennt als automatische Zeichengeräte arbeiten.
Für Kostendarstellungen und Kapazitätsübersichten haben Plotter im Rahmen der Netzplantechnik ↑ wichtige Aufgaben. Daß die Zeiten, die alle Arten von Plottern benötigen, vielfach länger sind als die Verarbeitungszeiten der Computer selbst, muß berücksichtigt werden.

präferabel kommt aus dem Französischen. Man liest auch preferabel. Ein Element, das einem anderen in irgend einer Weise aus irgend einem Grund vorzuziehen ist, nennt man dann präferabel, wenn sich dieses Vorziehen quantifizieren läßt. Viele mathematische Strukturen haben Elemente, die in der Beziehung ↑ stehen, daß eine Präferabilität ↑ gegenüber einem anderen definiert werden kann. Streng genommen führt die Präferabilität aus der reinen Mathematik hinüber in die Anwendung.
Diese Anordnungsbeziehung ↑ erlaubt sehr verschiedene Interpretationen, die stets genau präzisiert werden sollten. Mit der Einführung einer Bewertung ↑ wird in allen Fällen eine Ordnung hergestellt. Auch unbewertete Graphen ↑ können bereits als Präferabilitätsgraphen aufgefaßt werden. Die Präferabilität braucht nicht alle Elemente zu umfassen. Damit ist jede Bewertung auch eine Präferabilität, nicht umgekehrt.

Präferenz ist synonym mit Präferabilität. Man versteht darunter die Möglichkeit, Elemente einer quantitativen Struktur so zu ordnen, daß das eine vor dem anderen vorzuziehen ist oder umgekehrt.

Präferabilität siehe Präferenz

Projekt (S. 5) Ob die Definitionen für das Projekt und für den Netzplan ↑ so ganz und gar voneinander unabhängig sind, läßt sich bezweifeln. Das in sich einigermaßen geschlossene zeitlich ablaufende Konglomerat von Aufgaben heißt heute im weitesten Sinne Projekt, und zu seiner Quantifizierung bieten sich Projekt-Strukturpläne ↑ und Netzpläne ↑ an. Netzplan und Projekt sind so aufeinander abgestimmt, daß möglicherweise eine völlig unabhängige Definition nicht möglich ist. Die Definition von Projekten, die eine gewisse Geschlossenheit haben, die einen Anfang und ein Ende haben, ist Voraussetzung für die Gesamtaufgabe, von der dieses Buch handelt.

Projekt-Management ist eine Bezeichnung für die Netzplantechnik ↑ als Methode im größeren Rahmen. Der Titel »Projekt-Management« für dieses Buch wäre durchaus kennzeichnend. Daß er nicht gewählt wurde, begründet die Definition von Management ↑.

Projektstrukturplan ist nach DIN 69900, Blatt 10, Entw. Febr. 1971, eine hierarchisch über verschiedene Ebenen aufgebaute Darstellung der Teilaufgaben, die sich aus der jeweiligen Projektaufgliederung ergeben hat. Es gibt durchaus Anwendungen des Projektstrukturplanes unabhängig von Netzplänen.
Dann wird eine einfache Fortschrittskontrolle, meist in Tabellenform hinzugenommen. (siehe Kapitel 3.)

Pufferzeit ist in D 4 mit allen Unterbegriffen definiert. Da Pufferzeiten weitgehend die Elemente der Planung ↑ sind, mit welchen Einflüsse auf den Ablauf möglich sind, hängt das sogenannte Management by exception weitgehend von der Pufferzeit ab, vor allem von den Maßnahmen, die sich ergeben, wenn es an Pufferzeit ermangelt.

rekursiv nennt man zunächst alle Verfahren, die unter Benutzung der natürlichen Zahlen, von einer Zahl beginnend, schrittweise um je eine Ziffer zurückgehen, und wenn sie für 1 gelten, mit vollständiger Induktion für alle natürlichen Zahlen als gültig bewiesen werden können. Allgemeiner ist rekursiv auch das Zurückgehen um je einen Schritt bis zu einem festgelegten Anfang.

Schleife ist in D 1 definiert. Man spricht gleichbedeutend von Zyklus, Zykel, loop, Schlinge. Im Netzplan ↑ sind zumeist Schleifen erster und zweiter Art nicht zugelassen. Im Graphen ↑ nennt man eine Kannte ↑, die vom selben Knoten ↑ zum selben Knoten führt, eine Schleife erster Art. Ein Kantenzug, der zum Anfang zurückführt, ist eine Schleife zweiter Art.

Simulation ist allgemein die Darstellung der Zukunft durch Apparate oder durch den Computer und sein Programm, um dadurch die Lösungen eines Problems kennenzulernen und kritisch ↑ abzuwägen. Simulation wird heute in sehr verschiedenen Arten und in sehr großem Umfang als quantitative Methode verwendet. Im allgemeinsten Sinne ist der Netzplan ↑ auch Simulation. Denn der zukünftige Verlauf wird dargestellt.
Viele Simulationsaufgaben lassen sich mit Netzplänen besonders gut lösen. (Band II)

Steuerung: Fachausdruck der Regelungstechnik, der Kybernetik. Systeme ↑ der Kybernetik im weitesten Sinne können Störgrößen, die eine definierte Stabilität oder die Erhaltung des Systems selbst gefährden, selbsttätig oder durch Eingriffe von außen eliminieren. (Regelung) Der Wert der Regelgröße kann nur erhalten bleiben, wenn ein Mechanismus oder eine elektrische oder sonstige Wirkungsgröße vorhanden ist, die die erhaltene Information so verwertet, daß die Regelgröße entsprechend gesteuert wird. Diese Einwirkungen auf das System sind das wesentliche Element der Regelung. Sie werden als Befehle bezeichnet und können Impulse oder Veränderungen jeder Art sein. Ein gleichmäßig und ruhig verlaufender Prozeß bedarf der (kybernetischen) Rückkopplung, des feedback. Wenn ein Rückkopplungseffekt in diesem Sinne vorhanden ist, ist der Kreis geschlossen. Dann spricht man von Regelkreis und Regelung. Steuerungen werden als Ketten definiert, sind der Grenzfall der Regelung, wenn die Rückkopplung vernachlässigt werden kann. Man kann ein Projekt sowohl als Steuerkette als auch als Regelkreis auffassen. Für viele Betrachtungen ist die Auffassung als Steuerkette zweckmäßig. Netzpläne können Teil einer Steuerkette sein, aber auch Element eines Regelkreises. Wenn die Auswertung des Netzplanes ↑ zu Maßnahmen führt, die Veränderungen der Organisation des Betriebes oder vorhergehender Vorgänge betrifft, liegt ein Regelkreis vor.

Der Begriff »Steuerung« zur Bezeichnung der gezielten Arbeit mit dem Netzplan zugunsten eines Projektes ↑ ist eine Spezialisierung gegenüber dem Regelkreis der Regelungstechnik.

Stochastisch von griechisch stochos = Ziel, wird innerhalb statistischer Überlegungen in drei Bedeutungen gebraucht:

1. Manche Autoren verwenden »stochastisch« recht allgemein statt statistisch, um die mathematische Statistik von der deduktiven gewöhnlichen Statistik abzugrenzen. Da in der mathematischen Statistik vermehrt zielgerichtete Methoden auftreten, ist diese Bezeichnungsweise zum Teil gerechtfertigt.
2. Innerhalb der Statistik nennt man Stochastik im engeren Sinne die Entscheidungstheorie. Nach der Wahl einer Nullhypothese wird über eine Alternative entschieden. Dieser Gebrauch von Stochastik entspricht der Wortbedeutung am besten.
3. stochastisch als Gegenbegriff von deterministisch ist gleichbedeutend mit probabilistisch, das in Frankreich vorgezogen wird. Probabilistisch ist in der Scholastik der nicht vorherbestimmbare Vorgang. Hier wird stochastisch ähnlich wie bei 1. allgemeine Bezeichnung für Zufallsprozesse.

-Netzpläne ↑, die Wahrscheinlichkeitsbetrachtungen explizit einbeziehen, wurden als stochastisch oder probabilistisch bezeichnet im Gegensatz zu deterministischen Methoden. Da jeder Netzplan eine statistische Komponente enthält (Band II), ist dieses Begriffspaar nicht treffend. PERT und besonders PERT Cost II mit der Berechnung von Streuungswerten sollte man am besten als Netzplan-Methoden mit berechneter Wahrscheinlichkeit bezeichnen.

Es ist manchmal üblich, auch Netzpläne, die Entscheidungen enthalten (Entscheidungsnetzpläne ↑, Verzweigungsnetzpläne), bei denen also Weichen vorgesehen sind, als stochastisch zu bezeichnen. Da hier Alternativen gewählt werden, und je nach dem Ausfallen einer Entscheidung dieser oder jener Weg gegangen wird, ist die Bezeichnung Entscheidungsnetzplan zutreffend.

System ist ein griechisches Wort. Darunter wird eine Vielfalt von Elementen verstanden, die in bestimmten Relationen zueinander stehen. Als Elemente können alle Arten von Gegenständen, Begriffen und wieder Systeme selbst verwendet werden.

Für die Relation gibt es keine Beschränkung. Je nach der Art der Elemente und ihren Beziehungen gibt es in den verschiedenen Wissenschaftsgebieten verschiedene Systeme. Auch wird der Begriff enger und weiter definiert. Aber der Struktur und dem Projekt ↑ ist das System immer übergeordnet.

Wenn in der Netzplantechnik ↑ verschiedene Arten und Modifikationen der Netzpläne als Netzplansysteme bezeichnet werden, kann die Netzplantechnik als Ganzes kein System mehr sein. Das ist sie aber als Teil der Operations Research, der Unternehmensforschung nach allgemeiner Auffassung. Die üblichen Netzplanarten lassen sich durchaus ineinander übersetzen, und die Modifikationen bedingen meist nur Unterschiede in den Programmen der ADVA.

Systemanalyse war beim Entstehen des Operations Research, der Unternehmensforschung, in den USA die diesem Methodenkreis zugeordnete Analyse der Objekte der Planung ↑, der Projekte ↑. Da jede Studie des Operations Research sich auf ein System ↑ bezieht, war Systemanalyse der untergeordnete Begriff.

Man findet neben dieser engeren Auffassung vom Begriff der Systemanalyse einen umfassenderen. Vom eigentlichen Sinne des griechischen »Systems« ausgehend, wird jede Art wissenschaftlichen Vorgehens als Systemanalyse bezeichnet, die nicht nur einzelne Teile des hier als System bezeichneten Ganzen analysiert, sondern das Ganze mit seinen Zusammenhängen. Damit umfaßt aber Systemanalyse nicht nur die Unternehmensforschung, sondern auch noch die Führungs-Informationssysteme.

Der engere Gebrauch des Wortes Systemanalyse ist durch die Historie gegeben.

Auf jeden Fall muß gesagt werden, ob Systemanalyse im engeren oder im weiten Sinne gebraucht wird. In der sozialwissenschaftlichen und juristischen Literatur scheint der weitere Begriff häufiger vorzukommen.

Einige Autoren, vor allem, wenn sie aus dem Kreise der Soziologen und Juristen kommen, haben als Systemanalyse alles bezeichnet, was im weitesten Sinne durch Planung und quantifizierte Methoden realisiert werden kann. Damit wird Systemanalyse nahezu gleichbedeutend mit der Gesamtheit der quantitativen Methoden, wenn nicht noch umfassender. Denn zur Systemanalyse im weiten Sinne gehören auch nicht quantifizierte Methoden.

Historisch gesehen ist die enge Definition von Systemanalyse vorzuziehen. Daß die Netzplantechnik ↑ zur Unternehmensforschung gehört, daß damit ihre Methoden Systemanalyse sind, ist nie bestritten worden.

Überwachung ist nur ein Teil dessen, was man im englischen Sprachgebrauch control nennt. Control enthält auch Steuerung ↑, Regelung und die Kontrolle der deutschen Ausdrucksweise, die der Überwachung recht nahe kommt. Wir verstehen im Rahmen der Netzplanmethode unter Überwachung das Beobachten des Funktionierens der Planung, der Werte des Eintreffens und ihren Vergleich.

Verbindung ist ein Ausdruck, der in der Netzplantechnik ↑ häufig verwendet wird, aber sich einer genaueren Definition entzieht. Verknüpfung ↑ ist für die Anordnungsbeziehungen ↑ der Elemente eines Graphen ↑ kennzeichnender. Indessen ist aber Verbindung jedes Stück eines Weges. In DIN 69900, Blatt 10, Febr. 71, finden wir Anschlußverbindung, aber nicht Verbindung alleine.

Verknüpfung ist in der Mathematik jede Beziehung ↑ zwischen Gegenständen, Somata, Elementen. Relation und Verknüpfung sind bis auf einige Ausnahmen gleichbedeutend. In der Mathematik werden auch einstellige Verknüpfungen definiert, zum Beispiel das Einselement in einer Struktur. Diese einstelligen Verknüpfungen kommen den Eigenschaften der Anwendung relativ nahe, dürfen ihnen aber nicht gleichgesetzt werden.

Im Netzplan ↑ herrschen die zweistelligen Verknüpfungen vor. Die Verfasser von DIN 69900 haben den Begriff Beziehungen vorgezogen, der nahezu gleichwertig ist. Genaugenommen enthält Beziehung eine Art von zweiseitiger Relation, die nur in der Anwendung vorkommt.

vermascht ist ein typischer Begriff der Netzpläne ↑ (S. 82). Er geht von der Masche ↑ aus und bezeichnet Teile des Netzplanes, in denen Maschen auftreten. Man definiert den Vermaschungsgrad ↑ (S. 82), weil die Häufigkeit des Auftretens von Maschen für die Komplexität kennzeichnend ist.

Vermaschungsgrad (S. 82) ist der Quotient der Anzahl der Verbindungen ↑ durch Anzahl der Knoten ↑. Für die Handrechnung soll dieser Quotient nicht größer als 1,3 werden.

Verwaltungskapazität. Dieser Begriff ergibt sich, wenn die allgemeine Kapazität ↑ auf die Verwaltung angewandt wird. Sie bedeutet die Möglichkeit und die Fähigkeit oder das Vermögen, Verwaltungsfunktionen auszuüben. Die Quantifizierung des Begriffes ist auf verschiedene Arten möglich. Jedoch ist nicht entschieden, ob Zahlen ganz treffend das kennzeichnen können, was man unter Verwaltungskapazität allgemein versteht. In vielen Fällen ist dieser Begriff hilfreich. Man sollte genau angeben, was gemeint ist, und welche Zahlen benutzt werden.

vertikal nennt man Gliederungen, die durch organisatorische Unterstellung von oben nach unten so gegliedert sind, daß das Nebeneinander weitaus zurücktritt.

Jedes Projekt bedarf einer Gliederung, die überwiegend vertikal ist. Rein vertikale Gliederung ist sehr selten. Der Gegenbegriff zu vertikal in diesem Sinne ist horizontal, meist jedoch linear (2.) ↑, weil in den USA die Horizontale oft als linear bezeichnet wird.

Obwohl die Ausdrücke wie Linienorganisation und Linear Management ↑ nicht ganz zu vermeiden sind, ist die Bezeichnung als Fachabteilungsorgansation oder horizontale Gliederung zweckmäßig, um Mißverständnisse zu vermeiden.

Verzweigungsnetzplan, gleichbedeutend Entscheidungsnetzplan, ist ein Netzplan ↑, der Weichen enthält. Siehe auch stochastisch 3. ↑. Diese Netzpläne werden in Band II behandelt.

virtuell von lateinisch virtus = Tugend, Tauglichkeit bedeutet in der Physik: »der Kraft nach vorhanden, fähig oder tauglich zu wirken«. Als virtuelle Verrückungen bezeichnet man Bewegungen in der Mechanik, die nicht wirklich stattfinden, weil sie infinitesimal definiert sind, die aber statthaben können.

Virtuelle Bewertungen ↑ sind davon abgeleitet solche Bewertungen, deren Geldwert oder Zeitwert keine Entsprechung in der Wirklichkeit hat.

Verallgemeinert wird damit virtuell im Zusammenhang mit Kosten ↑ und Bewertungen gebraucht in dem Sinne: »nicht wirklich vorhanden, angenommen«.

Vorgang D 1 (S. 24 ff.) Dieser Begriff ist gegenüber dem in den Netzplänen ↑ zuerst verwendeten der Tätigkeit (activity) vorgezogen worden, weil auch alle zeitverbrauchenden Geschehnisse, die keine Aktivität enthalten, die reine Wartezeiten sind, als Vorgang ↑ aufgefaßt werden können. Vorgang ist allgemeiner als Tätigkeit.

Vorgänger D 1 (S. 28) ist bei einem Paar von Vorgängen ↑, die mit einem Pfeil verbunden sind, der zurückliegende.

Zuserechner (wie zum Beispiel Z 14) waren die ersten Computer in Deutschland, die von Konrad Zuse erfunden und in Deutschland hergestellt worden waren. Auf diesen relativ kleinen Rechnern war das Netzplanprogramm so, daß nur Wege mit Vorgängen ↑ aufsteigender Nummer berechnet werden konnten. Heute ist diese Einschränkung, die oft zu besonderen Numerierungsverfahren führte, überholt.

DK 65.012.122 : 001.4 : 003.62 DEUTSCHE NORMEN Februar 1970

Netzplantechnik

Begriffe

DIN 69900 Blatt 1

Network Planning and Control Technique, concepts, abbreviations

1. Allgemeine Begriffe

Benennung	Kurzzeichen	Erklärung
Netzplantechnik	NPT	Alle Verfahren zur Analyse, Beschreibung, Planung, Steuerung, Überwachung von Abläufen auf der Grundlage der Graphentheorie, wobei Zeit, Kosten, Einsatzmittel und weitere Einflußgrößen berücksichtigt werden können.
Netzplan		Graphische oder tabellarische Darstellung von Abläufen und deren Abhängigkeiten.
Knoten		Verknüpfungspunkt im Netzplan.
Startknoten		Knoten, in den kein Pfeil einmündet.
Zielknoten		Knoten, von dem kein Pfeil ausgeht.
Pfeil		Gerichtete Verbindung zwischen zwei Knoten (in der Graphentheorie als gerichtete Kante bezeichnet).
Weg		Durch einen oder mehrere aufeinanderfolgende Pfeile hergestellte Verbindung zweier Knoten.
Schleife		In sich geschlossener Weg, der mehrfach durchlaufen werden kann (in der Graphentheorie auch als Zyklus bezeichnet).
Rang eines Knotens	R	Größte Anzahl der Pfeile, die zwischen allen Startknoten und dem betrachteten Knoten auf einem Wege auftritt.
Ereignis		Eintreten eines definierten Zustandes im Ablauf.
Vorereignis		Einem Ereignis unmittelbar vorgeordnetes Ereignis.
Nachereignis		Einem Ereignis unmittelbar nachgeordnetes Ereignis.
Startereignis		Ereignis, zu dem es im betrachteten Netzplan kein Vorereignis gibt.
Zielereignis		Ereignis, zu dem es im betrachteten Netzplan kein Nachereignis gibt.
Meilenstein		Ereignis besonderer Bedeutung.
Vorgang		Zeiterforderndes Geschehen mit definiertem Anfang und Ende.
Vorgänger		Einem Vorgang unmittelbar vorgeordneter Vorgang.
Nachfolger		Einem Vorgang unmittelbar nachgeordneter Vorgang.
Startvorgang		Vorgang, zu dem es im betrachteten Netzplan keinen Vorgänger gibt.
Zielvorgang		Vorgang, zu dem es im betrachteten Netzplan keinen Nachfolger gibt.
Anordnungsbeziehung		Quantifizierbare Abhängigkeit zwischen Ereignissen oder Vorgängen. Die Gesamtheit der Anordnungsbeziehungen des Netzplanes bildet die Ablaufstruktur.

Fortsetzung Seite 2 bis 4
Erläuterungen Seite 2

Ausschuß für Netzplantechnik (AFN) im Deutschen Normenausschuß (DNA)

Benennung	Kurzzeichen	Erklärung
Scheinvorgang		Sonderfall einer Anordnungsbeziehung in Vorgangspfeilnetzen mit dem Zeitabstand Null.
Ereignisorientierter Netzplan		Netzplan, der ausschließlich durch die Beschreibung von Ereignissen gekennzeichnet ist (unabhängig von der Darstellungsform).
Vorgangsorientierter Netzplan		Netzplan, der ausschließlich durch die Beschreibung von Vorgängen gekennzeichnet ist (unabhängig von der Darstellungsform).
Gemischt orientierter Netzplan		Netzplan, der durch die Beschreibung sowohl von Ereignissen als auch von Vorgängen gekennzeichnet ist (unabhängig von der Darstellungsform).
Ereignisknoten-Netzplan	EKN	Netzplan, in dem die Ereignisse beschrieben und durch Knoten dargestellt sind.
Vorgangsknoten-Netzplan	VKN	Netzplan, in dem die Vorgänge beschrieben und durch Knoten dargestellt sind.
Vorgangspfeil-Netzplan	VPN	Netzplan, in dem die Vorgänge beschrieben und durch Pfeile dargestellt sind.

Erläuterungen

Die in dieser Norm enthaltenen Begriffe sind das Ergebnis gemeinsamer Beratungen der Arbeitsgruppe „Vereinheitlichung der Bezeichnungen in der Netzplantechnik" im „Arbeitskreis Operational Research" (AKOR) beim Ausschuß für wirtschaftliche Fertigung e. V. (AWF) und des „Ausschusses für Netzplantechnik" (AfN) im Deutschen Normenausschuß (DNA). Bei diesen Beratungen haben Vertreter des Fachnormenausschusses „Netzplantechnik" im Österreichischen Normungsinstitut (ON) sowie AKOR-Mitglieder aus der Schweiz mitgewirkt. Es erfolgte eine gegenseitige Abstimmung mit gleichgerichteten Normungsvorhaben in der DDR (siehe TGL 22 879, Entwurf 3. 68). Dadurch wurde dem Wunsch entsprochen, im gesamten deutschsprachigen Raum Festlegungen mit weitgehender inhaltlicher Übereinstimmung zu treffen.

Bei der Arbeit wurden insbesondere folgende Gesichtspunkte beachtet:

a) Es sollten nach Möglichkeit deutschsprachige Benennungen gefunden werden; eingeführte fremdsprachige Benennungen sollten aus Gründen der Einprägsamkeit möglichst wörtlich ins Deutsche übertragen werden.
b) Die Benennungen sollten nach Möglichkeit kurz sein.
c) Die Benennungen sollten ausreichend erklärt werden und Kurzzeichen nach mnemotechnischen Gesichtspunkten unter Beachtung einer möglichst weitgehenden Systematik festgelegt werden.

Neben diesem Normblatt veröffentlicht der Arbeitskreis Operational Research (AKOR) eine 1. Liste, in der alle zur Zeit gebräuchlichen Bezeichnungen zur Anwendung empfohlen werden, unabhängig davon, ob sie wegen ausschließlich grundlegender Bedeutung oder aus Gründen anzustrebender einheitlicher Terminologie in diese Norm aufgenommen wurden, oder wegen ihrer Zuordnung zu bestehenden Grundbegriffen durch die Norm nicht gesondert erfaßt werden mußten.

Benennung	Kurzzeichen	Erklärung
2. Zeitbegriffe		
2.1. Dauer und Zeitabstand		
Dauer	D	Zeitspanne vom Anfang bis zum Ende eines Vorganges.
Optimistische Dauer	OD	Dauer eines Vorganges, die unter besonders günstigen Bedingungen vorkommen kann.
Häufigste Dauer	HD	Dauer eines Vorganges, die unter üblichen Bedingungen meistens vorkommt.
Pessimistische Dauer	PD	Dauer eines Vorganges, die unter besonders ungünstigen Bedingungen vorkommen kann (Fälle von höherer Gewalt sind auszuschließen).
Mittlere Dauer	MD	Errechneter Erwartungswert für die Dauer eines Vorganges, z. B. entsprechend der Beta-Verteilung $MD = \frac{OD + 4HD + PD}{6}$
Minimale Dauer	MIND	Geringster Wert, auf den eine Dauer verkürzt werden kann.
Maximale Dauer	MAXD	Höchstzulässiger Wert für eine Dauer.
Zeitabstand	Z	Zeitwert einer Anordnungsbeziehung. Er kann größer als, kleiner als oder gleich Null sein.
2.2. Zeitpunkt, Termin, zeitliche Lage		
Zeitpunkt		Festgelegter Punkt im Ablauf, dessen Lage durch Zeiteinheiten (z. B. Minuten, Tage, Wochen) beschrieben und auf einen Nullpunkt bezogen ist.
Termin		Durch Kalenderdatum und/oder Uhrzeit ausgedrückter Zeitpunkt.
Lage (im zeitlichen Ablauf)		Ergebnis der Einordnung von Ereignissen bzw. Vorgängen in den Zeitablauf unter Beachtung aller gegebenen Bedingungen.

Tabelle 1. **Zuordnung Ereignis bzw. Vorgang zu frühester bzw. spätester Lage**

	Ereignis	Vorgang	
		Anfang	Ende
Früheste Lage (im zeitlichen Ablauf)		Frühester Anfang FA	Frühestes Ende FE
	Frühester Zeitpunkt FZ	Frühester Anfangszeitpunkt FAZ	Frühester Endzeitpunkt FEZ
	Frühester Termin FT	Frühester Anfangstermin FAT	Frühester Endtermin FET
Späteste Lage (im zeitlichen Ablauf)		Spätester Anfang SA	Spätestes Ende SE
	Spätester Zeitpunkt SZ	Spätester Anfangszeitpunkt SAZ	Spätester Endzeitpunkt SEZ
	Spätester Termin ST	Spätester Anfangstermin SAT	Spätester Endtermin SET
Die Benennungen und Kurzzeichen ergeben sich aus den Zuordnungen der Leitspalte zur Kopfzeile der Tabelle.			

Benennung	Kurzzeichen	Erklärung
Bestimmender Weg		Weg, durch den die zeitliche Lage eines Ereignisses bzw. Vorganges bestimmt wird.

Benennung	Kurzzeichen	Erklärung
2.3. Pufferzeit und Kritischer Weg Die Größen der Pufferzeiten können durch äußere Bedingungen verändert werden (z. B. durch gegebene Termine). Ohne diese Bedingungen gilt für die Pufferzeiten:		
Pufferzeit		Zeitspanne, um die die Lage eines Ereignisses bzw. Vorgangs verändert werden kann.
Gesamte Pufferzeit	GP	Zeitspanne zwischen frühester und spätester Lage eines Ereignisses bzw. Vorgangs. Bei Ereignissen ist GP = SZ − FZ Bei Vorgängen ist GP = SAZ − FAZ = SEZ − FEZ
Freie Pufferzeit	FP	Zeitspanne, um die ein Ereignis bzw. Vorgang gegenüber seiner frühesten Lage verschoben werden kann, ohne die früheste Lage anderer Ereignisse bzw. Vorgänge zu beeinflussen.
Freie Rückwärts-Pufferzeit	FRP	Zeitspanne, um die ein Ereignis bzw. Vorgang gegenüber seiner spätesten Lage verschoben werden kann, ohne die späteste Lage anderer Ereignisse bzw. Vorgänge zu beeinflussen.
Unabhängige Pufferzeit	UP	Zeitspanne, um die ein Ereignis bzw. Vorgang verschoben werden kann, wenn sich seine Vorereignisse bzw. Vorgänger in spätester und seine Nachereignisse bzw. Nachfolger in frühester Lage befinden.

Tabelle 2. **Zuordnung der Pufferzeiten zur Lage der Ereignisse bzw. Vorgänge**

Pufferzeit	Vorereignis bzw. Vorgänger	Nachereignis bzw. Nachfolger
GP	in frühester Lage	in spätester Lage
FP	in frühester Lage	in frühester Lage
FRP	in spätester Lage	in spätester Lage
UP	in spätester Lage	in frühester Lage

Kritischer Weg		Weg mit ausschließlich solchen Ereignissen bzw. Vorgängen, deren gesamte Pufferzeit GP ein Minimum ist.

Register

Die angegebenen Ziffern sind Seitenzahlen.
Stichwörter, die mit * versehen sind, sind im Verzeichnis der Defintionen zu finden und dort eigens erklärt.